# 销售一定要有的
# 高情商

马斐 著

掌控情绪 / 沟通有道 / 找准需求 / 合作共赢

Salesperson's High EQ

中国经济出版社
CHINA ECONOMIC PUBLISHING HOUSE
·北京·

**图书在版编目（CIP）数据**

销售一定要有的高情商：掌控情绪、沟通有道、找准需求、合作共赢／马斐著．--北京：中国经济出版社，2021.4

ISBN 978-7-5136-6433-2

Ⅰ.①销… Ⅱ.①马… Ⅲ.①销售—商业心理学 Ⅳ.①F713.55

**中国版本图书馆 CIP 数据核字（2021）第 043927 号**

责任编辑　牛慧珍
责任印制　马小宾
封面设计　任燕飞

**出版发行**　中国经济出版社
**印 刷 者**　北京柏力行彩印有限公司
**经 销 者**　各地新华书店
**开　　本**　710mm×1000mm　1/16
**印　　张**　16
**字　　数**　200 千字
**版　　次**　2021 年 4 月第 1 版
**印　　次**　2021 年 4 月第 1 次
**定　　价**　58.00 元
**广告经营许可证**　京西工商广字第 8179 号

**中国经济出版社**　**网址** www.economyph.com　**社址** 北京市东城区安定门外大街 58 号　**邮编** 100011

# 前言 PREFACE

高情商在销售过程中起着非常关键的作用，借助高情商，销售员能够更好地了解自我，同时还能影响客户。高情商的销售员，在销售过程中会如鱼得水、左右逢源；而低情商的销售员即便自认为能力很强，也很难维持长久的良好业绩。高情商的销售员，即便身处逆境，也能想办法让自己完美逆袭；而低情商的销售员，很难在销售过程中过五关斩六将。

试想一下，当客户不断拒绝你时，你是否能继续心平气和地说服客户？当自己遇到不顺心的事时，你是否能继续微笑地面对客户？当客户质疑你的产品质量和价格时，你是否会感到很难作答？在销售过程中，销售员会遇到各种问题，如果没有高情商，自己的销售之路将充满荆棘、障碍重重，很难达成与客户的交易。

高情商可以通过后天的学习培养出来，但不是一蹴而就的，而是循序渐进地改进，一步一步地登上高峰。

你要在与客户的交流中，学会控制情绪，把握说话的节奏，引导客户按你的思路去思考；你要学会营造谈话氛围，运用各种说话的技巧搭建彼此沟通的桥梁；你要学会有效提问，用提问引导客户从而掌握主动权；你要学会察言观色，揣摩对方的心思，用换位思考的方式理解对方。

那么，怎样才能练就高情商来应对复杂的销售问题呢？本书将分八章讲述这些问题，分别从掌控情绪、乐观心态、有效沟通、善于倾听、有效提问、拉近距离、激发欲望、精准突破八个角度出发，采用理论和实践结合的方式，辅以丰富的案例解析，让读者在通俗易懂的语言中掌握高情商的精髓，学会高效的沟通方式和恰当的行事方式，真正做到在任何销售场合都能打动人心，牢牢把握主动权，顺利达成交易，并与客户长期保持良好的合作关系。

随着时代发展，市场在不断地变化中，作为销售，我们必须不断学习，让自己能够更好地适应新的时代，用高情商来认清自己、理解客户，更好地与客户交流，让自己在销售的职场上立于不败之地。过去，我们关注的是“我能从这个人身上获得什么”“我能从这笔生意上赚得多少钱”。未来，我们将会关注“我该怎样做，才能扩大我的影响力”“我该怎样做，才能让我的影响力落到实处”。

相信你会通过改变自己的沟通习惯和行事方式而变得更加有力量，凭借高情商成功敲开客户的心门，成为真正的销售高手。

# 目录 CONTENTS

第1章

# 掌控情绪，不受客户言行左右

1. 所谓会销售，就是情商高
2. 顶尖销售员都是情商高手
3. 销售高手都能掌控好情绪
4. “管”好客户前，先“管理”自己的情绪
5. 控制情绪，绝不与客户争执
6. 有效管理情绪的几大步骤

## 1. 所谓会销售，就是情商高

一提到销售员，人们立刻会联想到“口若悬河”的人，觉得凡是做销售的，必定是会说话、能说话，甚至是夸大其词的人。

如果你这样定义销售员，那就是大错特错了。

某市内一家集团公司聘请我为他们销售部门新招的员工做培训，其中有一名叫蒋华的员工，是那二十多名销售员中学历最低的（大专学历），毕业的学校也很普通。更令销售部门负责人不看好的是，蒋华性格内向，话特别少。

至于为什么招聘蒋华进公司，部门负责人说：“蒋华向集团老总写了一封感人的自荐信，虽然面试时被淘汰了，但集团老总亲自打电话，让蒋华留下来。”

我听了，笑笑说：“蒋华能被老总看中，说明他还是有潜力的。”

负责人不置可否地笑笑。

培训时间虽然只有一周，但蒋华给我的印象却很深，他言语不多，但性格沉稳；他不爱自我表现，但激情满满。我布置给大家的任务，只有蒋华能够保质保量地完成。

一次，我给大家布置了一个附加任务：下班后，让他们到市里的大商场做市场调研，分析公司产品的销售情况。

因为是附加题，所以做不做全凭自觉。第二天，有一半多的人没有按我的要求去做，还有几个人去是去了，却只是象征性地转了转，根本没有做出实质性的调研。只有蒋华，不仅亲自去各大商场的商品专柜问了产品的销售情况，还随机问了前去购买产品的顾客对产品的建议和意见，并认真地记录下来。回去后，蒋华连夜把专柜经营者、顾客对产品的建议和意见做了一个总结，又有针对性地提出了自己的建议，然后详细地整理好才交给我。

蒋华的这份产品市场调研报告，引起了公司产品部门的重视。产品部门在向集团高层反映后，最终决定，综合顾客、商场经营者、蒋华的建议，对产品的质量、包装进行完善、改进。新产品上市后，受到市场和顾客的追捧。当然，这是后话。

当时，综合蒋华在培训期间的表现，我对他的印象仅限于他是一个对工作具有高度热情、极度负责，做事情有恒心、有毅力的人。所以，培训结束后，我给蒋华的评语是：情商高于智商，坚持下去，必定前途无量！

我之后因为经常全国各地到处讲课，很少有机会与蒋华见面，每次都是他主动和我联系，无非就是一些节日期间的祝福信息。虽然很平淡，但我每次收到时，心里总感到很温暖，对蒋华的印象也特别好。

再见到蒋华本人，是五年以后，他作为销售部门的副总，联系我洽谈给他分部的新销售培训事宜。此时我才知道，蒋华只用了半年时间，就从一个职场新人成长为公司的销售冠军，一年后，他带领的团队为公司创造的销售额达到了七位数，单他个人的业务就占了1/3，而且，五年来他个人创造的销售额纪录没被人打破过。

蒋华能够从一个不被人看好的大专生，在短短五年成为公司的销售冠军和副总，凭借的完全是自己的实力。我觉得在他这种实力中，情商占了80%的比例。

我们做哪一行都不容易，但销售是最难做的，能坚持下来的人大多是精英。在销售过程中要经历各种挫折，有的甚至超出我们的想象。在这种情况下，并不是几句话就能够鼓舞我们的。这中间需要的是百折不挠的毅力。

李嘉诚在出席给香港理工大学捐赠一亿港元的仪式上特意提到，在他经商的经历中，有助于他面对各种错综复杂的问题，对他的成功起着很大作用的是“情商”。

李嘉诚幼时家境贫寒，只读完了初中，辍学后做过茶楼的跑堂，在五金厂做过普通的推销员，经过短短几年的奋斗，他创造了商业神话，成为香港商界的风云人物，乃至风光无限的香港首富。

对于李嘉诚的成功，香港某报曾有如下评价：“李嘉诚发迹的经过，其实是一个典型青年奋斗成功的励志故事，一个年轻小伙子，赤手空拳，凭着一股干劲儿勤俭好学，刻苦耐劳，创立出自己的事业王国。”不过，李嘉诚自己认为，他事业有成的真正原因是“懂得做人的道理”，他曾不止一次地对亲友面授机宜：“要想在商业上取得成功，首先要懂得做人的道理，因为世情才是大学问。世界上每个人都精明，要令人家信服并喜欢和你交往，那才是最重要的。”

李嘉诚的创富史，可以说是情商高的活教材：情商虽非万能，但要成功，没有情商却是万万不能的。做任何事业，只有一个精明的头脑还远远不够，必须在为人处世方面有过人之处。李嘉诚说过，“别人做8个小时，我就做16个小时，起初别无他法，只能以勤补拙”。李嘉诚就是做到了这些，他勤勉、节俭、朴实、坦诚、善待他人……

分析李嘉诚的情商，我们会发现，情商高不是“见人说人话，见鬼说鬼话”的八面玲珑。情商高需要我们保持真诚和正直。当我们违背自己的内心情感去迎合对方时，我们其实是牺牲了自己的真诚和正直。如果对方察觉到我们的不真诚，那么再好听的赞美也会瞬间失去它所有的价值。

同时，情商高还意味着我们在做“老好人”的同时，还要很有勇气地直面自己和他人的弱点。当对方的成长真的需要我们指出他们的错误时，我们要有勇气把它指出来而不是选择视而不见。

传统观念认为，销售业绩的高低是销售员是否优秀的评判标准。如今是信息时代，竞争激烈，很多客户都有非常独立的购买思考能力和判断能力。客户已经不再像过去那样被产品牵着鼻子走，而是越来越有主见，能够清晰地辨别和判断哪些是适合自己的产品。客户不需要销售员一味地推销就可以很快洞察到当前的潮流和趋势。在这样的环境中，销售员怎样做才能保证销量，如何才能抓住客户的心，如何才能在同行竞争中领先于人？情商高是最好的答案。

随着未来社会的多元化程度和融合度日益提高，较高的情商将有助于一个人获得成功。美国心理学家丹尼尔认为，情商比智商更重要，在孩子的成长道路上，智商只起20%左右的影响作用，剩下的80%都是由情商决定的。

所谓情商，在心理学上通常是指情绪商数，简称EQ，主要是指人在情绪、意志、耐受挫折等方面的品质，包括导商（LQ）。也就是说，人与人之间的情商并无明显的先天差别，更多与后天的培养息息相关。它是近年来心理学家提出的与智力和智商相对应的概念，提高情商是把不能控制情绪的部分变为可以控制情绪的部分。

从最简单的层次上下定义，情商也是理解他人及与他人相处的能力。戈尔曼和其他研究者认为，情商具有五种特征，如图1-1所示。

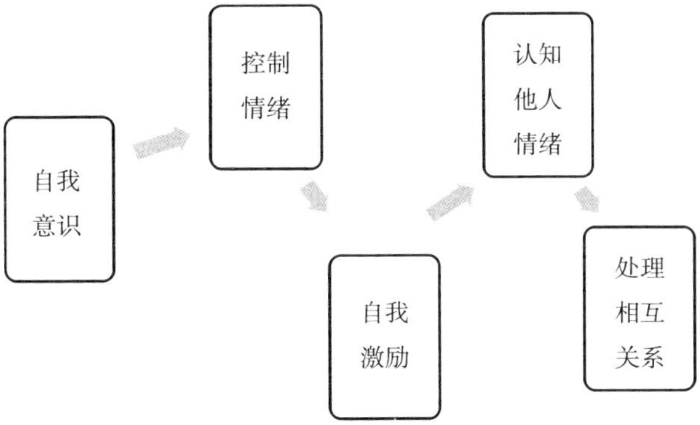


**图 1-1　情商的五种特征**

## 自我意识

自我意识主要是认识和了解自己情绪的能力，这是情商的一个主要组成部分。自我意识不仅指认识到自己的情绪，还要意识到自己的行为、心情及情绪对他人产生的影响。我们要时刻监控自己的情绪，这样才能察觉某种情绪的出现，观察和审视自己的内心世界体验，这是情商的核心，只有认识自我，才能成为自己生活的主宰。

提高自我意识，就必须能够监督自己的情绪，认识不同的情感反应，然后正确地定义每种特定的情绪。具有自我意识的人能够认识到自己的感受与行为间的关系。这些感情丰富、表现恰当的人还能够认识到自己的优点与不足，乐于接受新信息，挑战新事物，并从与他人的交流中进行学习。

戈尔曼认为拥有自我意识的人会很有幽默感，对自己及自己的能力很有信心，而且他们很清楚别人对自己的看法。

## 控制情绪

除了认识到自己的情绪及情绪对他人产生的影响外，我们还需要调节与管理自己的情绪。这并非意味着我们要隐藏自己的真实感受，而只是等到合适的时间、地点，用合适的方式表达出来。自我调节是合适地表达情绪的前提。只有这样才能灵活应变，很好地处理冲突，驱散紧张、尴尬的气氛。戈尔曼认为这些具有很强的自我调节能力的人也具有很强的责任心，他们会考虑到自己对别人的影响，并为自己的行为负责。

托马斯·穆勒是德国著名的足球运动员，他的情商很高，无论是在拜仁队还是国家队，穆勒都能跟队友很好地相处，到哪里都是开心果，对球队气氛的融洽做出很大贡献。在球场上，他除了踢球外，还会和队友聊天说笑，但当对方骚扰和挑衅他时，他依然能做到头脑冷静不会失控，非常懂得控制自己的情绪。比他球技好的运动员数不胜数，但他有很高的知名度与他的情商高有很大关系。

## 自我激励

情商高的人能够依据活动的某种目标，调动、指挥自己的情绪，自我激励能使人走出生命中的低潮，重新出发。所以说，内在激励也是情商的一个重要组成部分。情商高的人的动力不仅来自外在的回报，如名誉、金钱、认可和赞扬。他们还有满足自己内心需要，实现内心目标的激情。他们会做有内在回报的事情，在不同的活动中获得不同的体验，并去寻求高峰体验。

具有内在激励的人往往都是行动派。他们会设定目标，对成功的要求很高，总会寻找各种方法把事情做得更好。他们往往非常坚定，而且有任务时，不需要督促，他们自己就会去做。挫折抵抗力是每个人都应该培养的，它会让我们在挫折面前坦然面对，最终战胜困难。例如，世界著名的销售大师乔·吉拉德、齐格·齐格勒、原一平、汤姆·霍普金思等，都是在经历挫折后才成功的。

## 认知他人情绪

情商高的人都能够通过细微的社会信号敏感地感受他人的需求和欲望，这是与人正常交往，实现顺利沟通的基础。只有认知了他人的情绪，才能够产生同理心、理解别人的感受，这就是人们常说的善解人意，也是情商中极其重要的一部分。

不过，善解人意不仅要能够理解他人的情绪状态，还要能够在理解的基础上给出恰当的反应。例如，当你感受到某人正处于悲伤或者失望之中时，你要更关心、更照顾他，或者努力使他开心起来。善解人意的人能设身处地为他人着想，从不埋怨对方。

## 处理相互关系

能够很好地与别人交流是情商的另一个重要方面。因为真正的情绪了解除了要了解自己的情绪外，还要理解他人的感受，把你了解到的信息应用于日常交往与交流中。作为销售员，必须具备处理人际关系的能力，因为与客户沟通的能力是工作中不可缺少的。例如，世界销售之神乔·吉拉德在谈到跟客户的关系时，提出了“250 定律”，即绝不轻易得罪一个顾客。

## 2. 顶尖销售员都是情商高手

我国顶尖销售员马云曾说："DT 时代一个非常重要的特征是体验。体验是这个世纪很了不起的技能，这个技能不是工程师拥有的，不是老板拥有的，体验是这个世纪人的情商造成的，上世纪拼智商，这个世纪拼情商，情商是让人家舒服，让客户舒服，让合作伙伴舒服，没有比这个更重要的了。"

马云是这么说的，也是这么做的。当年，他这个情商高手在没有创业资金的情况下，不仅让一群才华横溢的员工低薪或无薪地跟着他工作，也引来了合作者和客户，才打造了今天的阿里巴巴，其市值截至 2019 年 5 月已经达到 4655. 30 亿美元。

除了马云，我国很多商界成功人士都是做销售出身，如李嘉诚、宗庆后、董明珠、程维……为此，前惠普全球副总裁孙振耀甚至还说过：世界财富 500 强公司的 CEO 中最多的是销售出身。由此可见，顶尖销售员大多数有一个共同点——情商高。

所以说，顶尖销售员都是情商高手。

在生活中，我们每时每刻都要与形形色色的人打交道、处关系，而情商就是维系各种关系的一个纽带。情商高的人能够跟每个人都快乐地相处，每一天都很开心快乐。

同样的道理也适用于销售员，因为那些顶尖销售员情商高，即便用95%的时间与客户沟通，其沟通气氛也是愉快的，并且能保质保量地“攻下”客户的内心，而剩下5%的时间将轻而易举地达成合作。

那么，顶尖销售员是如何利用高情商“攻下”客户的？我们来看一个例子。

销售大师乔·吉拉德被誉为世界上最伟大的推销员，曾经创造了一天卖出4辆汽车，一年卖出1425辆汽车的神话。

一次，展销厅来了一位女士，其实她就是想看看车打发时间，乔·吉拉德便上前与她闲聊，在闲聊的过程中这位女士告诉乔·吉拉德，她想买一辆白色的福特汽车，当作自己55岁的生日礼物。乔·吉拉德赶紧对这位女士说：“生日快乐，夫人。”

期间，乔·吉拉德出去了两分钟。回来后，他对这位女士说：“您既然喜欢白色的车，趁您现在有时间我给您介绍一辆白色的双门轿车。”他们聊得很尽兴，这时秘书送过来一束花，并把它送给了这位女士，收到花后，这位女士感动得哭了，“我很长时间没有收到花了，刚才看车的时候人家看我开了部旧车都不愿意搭理我，其实我就是想买一辆白色的福特汽车而已”。最后这位女士成功购买了雪佛兰，而不是心心念念的福特。

顶尖的销售员一定是一个善于运用语言艺术的情商高手。销售是一门艺术，很多时候之所以能够成交已经完全脱离了产品本身，销售的最高境界就是销售自己。

美国一位著名的销售大师在调研了各行各业2000名销售员之后，发现普通销售员与顶尖销售员在与客户的交谈中，专业性话题和非专业性话题的比重具备明显的差异。

普通销售员跟客户讲的专业性话题是70%，非专业性话题是30%；顶尖销售员跟客户讲的专业性话题是30%，非专业性话题是70%。

我有个朋友在30多岁时转行做了销售员。

他刚入职时，经理给了他很多产品资料和数据，以及好几页销售话术让他背。他经常是背会后面的忘了前面的，在跟客户沟通的时候常常忘了词。这时他会真诚地对客户说："不好意思，我年龄大了，又是刚改行做销售的，您多多包涵！"然后拿出随身携带的小本子和客户一起查看。

每次看到他跟客户一起查看小本子时，经理就在旁边急得直跺脚，私下里多次劝他："实在不行，你就别做这行了，你真不适合做销售。"

他就说："就让我把试用期做完，好吗？我有信心做好。"经理无奈地摇摇头，心想："你再试一年也这样。"

没想到，令经理惊讶的是，我这个朋友在试用期第二个月就成为销售冠军。到了第三个月，他不但仍是销售冠军，其销售额比第二个月还高了很多。

一时间，经理和其他同事对他刮目相看，经理特意要他分享经验，他为难地说："我真说不上什么经验，就是把客户当成朋友来处，无论是跟他们讲产品，还是说家常话，我都是真诚地对待他们。"

他讲起最近刚签的那个大单，就是之前的客户介绍的，他说道："这个客户在我上班第一月来过，本来他打算买我们的产品的，但我看到我们公司的那款产品与他想购买的不是太相符，就推荐他到其他店看看更合适的。他说对这个市场不熟，我在工作之余帮他联系了好几家店并进行对比，最后总算找到他合适的了。他对我很感激，拿出钱来谢我，我拒绝了。他说下次会介绍朋友来我们店里买货的。"

当时我的朋友没有把客户的话当真，他只是觉得帮助了客户就很开心了。因为聊得来，之后他又主动跟客户联系，聊家常、聊工作。没想到俩人聊成了朋友。此次客户给他介绍的这个客户，对他们的产品很满意，说过几天还会有朋友来买的。

别人是我们的一面镜子，我们对待别人的态度决定对方如何对待我们。顶尖销售员的高明之处就在于他们深知，用真情和真诚对待客户，必然能够换来别人的真情和真诚。真正优秀的销售员是懂得真情的价值的。这个道理虽然简单，但又有几个人能真正做到呢？

虽然一个情商高手不一定是销售员，但一个成功的销售员一定是情商高手。销售员要想卖出产品，首先就得“攻下”客户的内心，要做到这样，必须有较高的情商。

2011 年，马丁基于他在十多年中对数千位顶尖 B2B 销售员的采访，撰写了《顶尖销售人员七大性格特质》一文。这些销售员都来自全球领先企业，他还对其中的 1000 人进行了五大方面的性格测试，包括开放性、责任心、外向性、随和性以及消极情绪，以更好地了解他们出类拔萃的性格特征。结果表明，某些关键性格特质直接影响了优秀销售员的销售风格以及最终的成功。

图 1-2 是顶尖销售员的七大性格特质。

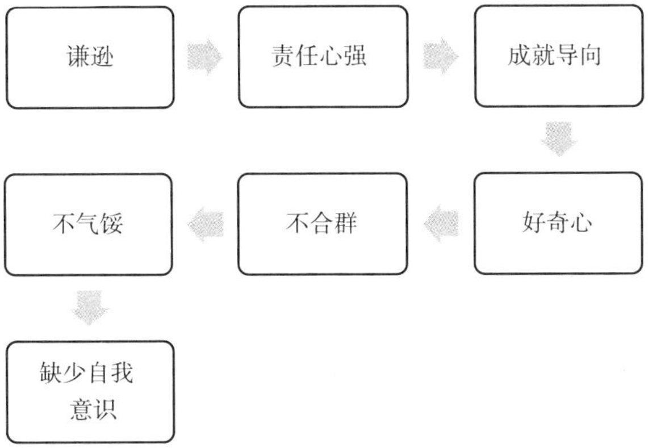


**图 1-2　顶尖销售员的七大性格特质**

## 谦逊

很多人都觉得成功的销售员侃侃而谈、自信高傲，但测试结果恰恰相反，91%的顶尖销售员都表现得十分谦逊，正因为其谦逊的态度，才赢来客户的好感。那些口若悬河的销售员错失的客户远远多于所赢得的客户。

对销售风格的影响：团队导向。顶尖销售员不会让自己成为交易决策中的焦点，而是让团队（售前技术工程师、咨询顾问以及高管人员）成为核心，帮助自己赢得客户。

## 责任心强

85%的顶尖销售员都拥有强烈的责任感，为人可靠。他们对待自己的工作极为认真，而且对工作结果高度负责。

对销售风格的影响：掌控客户。在销售过程中，销售员面临的不堪，就是放弃对客户的掌控，进而对客户言听计从；或者更糟糕的是，沿着竞争对手引导的方向走。为了掌控自己的命运，顶尖销售员都会控制销售周期的各个流程。

## 成就导向

84%的顶尖销售员在成就导向上得分很高。他们专注于实现目标，而且会不断地将自己的表现与目标进行比较。

对销售风格的影响：关注销售决策的重要因素导向。在销售周期中，顶尖销售员会努力弄清客户决策中公司的决策格局；他们会努力与关键决策者会面；他们会针对关键决策者，从所售产品如何适合于客户组织的角度出发，制定销售策略。

## 好奇心

好奇心是指一个人对知识和信息的渴求。82%的顶尖销售员在好奇心上得分极高；强烈的好奇心让他们在销售拜访时更加积极主动。

对销售风格的影响：好问。积极主动性，会推动销售员向客户提出一些让他们感到有些惊讶的问题，以获得重要的缺失信息。

## 不合群

与我们通常所持的观点相反，顶尖销售员在合群性上（即友善、喜欢和人在一起）的表现并不好。总体而言，与较差的销售员相比，顶尖销售员的合群性平均低30%。

对销售风格的影响：支配力。这是指让客户愿意听从销售员的推荐和建议的能力。测试结果表明，过于友善的销售员因为与客户的关系过于密切，所以很难确立主导地位。

## 不气馁

普通销售员容易气馁，经常被消极情绪打倒。相反，顶尖销售员较少或只是偶尔出现消极情绪。

对销售风格的影响：竞争能力。马丁教授在多年的调查中发现，在顶尖销售员中，很多人在中学时期参加过有组织的体育运动。体育运动和销售成功之间似乎存在着某种联系，因为顶尖销售员能够应对失望的情绪，能够从失败中恢复信心，并能从心理上为下一个竞争机会做好准备。

## 缺少自我意识

自我意识衡量的是一个人容易尴尬的程度，高度的自我意识会让人容易感到害羞和自我压抑，而顶尖销售员正好缺少这种高度的自我意识。

对销售风格的影响：积极进取性。顶尖销售员能收放自如地为销售而战，在销售过程中不怕麻烦客户。他们以行动为导向，不惧怕拜访高管客户，敢于积极拜访新客户。

## 3. 销售高手都能掌控好情绪

有很多人问我："销售高手有什么共同之处？"

我脱口而出："能够很好地掌控自己的情绪。"

或许我这么回答有点笼统，可是仔细分析一下就会发现，作为一名销售员，每天面对的是自己的客户。说得直白一点儿，客户就是你的衣食父母，没有客户认可你的产品，没有客户购买你的产品，你就是把产品做得跟花儿一样漂亮，也不能当钱花，不能当食物吃。只有客户，不但能让你的产品换成钱，还能让产品物尽其用。所以，面对客户时，无论客户如何贬低产品，你都要掌控好自己的情绪，耐心解答客户的每一个质疑。

我毕业后的第一份工作是在某公司做销售员。一次，因为国庆节期间物流货运情况紧张，大批货物无法如期送达客户。所以，我的一个客户气愤地打来电话要求退货。

客户在电话中对我说："你这个人怎么这么不靠谱，签合同的时候，我一再问你能否按期限交货，你说没有问题。合同上写得清清楚楚 10 月 13 日全部到货，可是今天都 18 日了，我的第一批货都没有收到。你给我退货吧，我不想跟你们这种没有信誉的公司合作了。而且退货得给我补偿损失。"

当时的合同写的是第一批货最早10月13日到，最晚可以延期到10月20日。此时客户要求退货，很明显是在无理取闹，发泄他的不满情绪。但我又不能拿合同的日期和他理论，那样只能让客户跟我的矛盾升级。

站在客户角度上，我理解他的情绪，于是就对他说："非常抱歉，汪总，这不是刚过完国庆节嘛，现在火车运力太过紧张，本来调拨给我们的车皮充足，后来因为对方实在有困难提供不了，才造成了我们公司对部分经销商延迟到货。所以，我们公司针对这类情况额外申请了特殊促销政策，加送10%的促销礼品。而且您放心，您的货已经在路上了，预计10月20日就到了。对于我们工作造成的失误，我再次向您说声对不起。我知道您刚才说的退货是气话，这可是咱们第三次合作，对彼此都有信任了。您是做大事情的人，为人又随和，平时对我多有照顾，虽然我也帮过您不少忙，可是我跟着您学会了很多做人的道理。这次您给我一次机会，我保证以后会让您满意的。"

客户在电话那头说道："你说得对，我们合作是有信任基础的，其实我也不想退货，只是担心20日也收不到货，因为我这边的客户在向我施压。既然你这么说，我选择相信你，但不能有下次了啊。"

有时候，客户由于心情不好，或者客户本身比较挑剔，他们会在冲动之下提出一些过分甚至是无理的要求。这时候，销售高手会先平息客户的情绪，消除争议，等到双方气氛缓和了，再进行推销工作。

科学研究证实：情绪是不受意识控制的本能反应，而且人类经过数百万年进化出来的大脑，天生就不容易做到用理智控制情绪。当信息通过感官传入我们的大脑时，会分为两条路径输送到不同的脑部区域。这两条路径长短不同。短的那一条通向结构相对简单的脑部区域（即所谓的情绪脑），长的那一条则通向更为精密、复杂的脑部区域（即所谓的理智脑）。情绪脑适合做一些快速简单的判断，理智脑则适合做需要深思熟虑的判断。当你认真思考某个事物的利弊时，就是在用理智脑做运算。由于神经传输路径短，情绪脑总是比理智脑先一步得到信息，更快做出判断，并将指令传递给我们身体的各部分。所以说，控制情绪本来就是一件不容易的事情。

有一句话说得好："你连自己的情绪都无法掌控，何以掌控人生?"做销售如果连自己的情绪都无法掌控，何以平息客户的情绪?

销售高手也有情绪不好的时候，区别在于：他们可以有效地控制坏情绪；而那些没有经验的销售员，通常是被坏情绪所掌控。正是因为无法掌控自己的情绪，才导致有一些销售员跟客户争吵，轻则把客户气跑，重则因为自己的坏情绪自毁前程，这些都是不能控制情绪带来的恶果。

由于销售高手控制了情绪，所以不会因为客户的情绪而受影响，更不会因为成交了就欣喜若狂，也不会因为交易失败了就捶胸顿足，对客户心怀不满。正是销售高手这种稳定的情绪，使得他们迈向了成功。

销售员最需要把控自己的情绪，是积极还是消极，对最终销售结果的影响可谓天差地别……

那么，销售员如何提高自己的情商，在销售过程中做到游刃有余呢?

## 先控制好情绪

情绪是最容易感染人的东西。能够控制自己的情绪，才能在说服客户的过程中了解并带动客户的情绪，最终让客户对产品满意。销售过程中最忌讳的就是控制不住自己的情绪。例如，客户进店试了半天衣服，款式都快试完仍然没说要买哪一件，这时候有些销售员就会露出鄙夷的表情。这种情绪一旦被客户发现，就会引来客户的反感，甚至错失成交的机会，因为你根本不知道客户是否会在下一秒说出：“这几件我都喜欢，帮我包起来。”

不过，有时你苦口婆心，好不容易说服客户要买你的产品，在签单的时候，如果露出太过于兴奋的情绪，也很容易让客户感觉自己是不是上当受骗了。

## 多留意客户的表情

销售员在跟客户沟通时，要多留意客户的表情，假如客户有疑惑的表情，就要考虑是没听明白你的讲解，还是对产品有疑问；客户突然沉默，是不想再听你讲了，还是在下决心签单。只有了解对方情绪，才能更好地做出恰当的行动。

销售中还容易遇到这样的问题：已经跟客户讲了很久产品，但看客户迷惑的样子，便脱口而出：“你还没听明白?”相信这时候客户就会对你好感顿失，心想：“怎么？把我当三岁小孩子了，凭什么听你唠叨半天，被你嫌弃?!”

而那些高情商的销售员会永远站在客户的角度想问题，他们通常会说：“我讲清楚了吗?”“如果有哪些想深入了解的，您随时问我。”客户如果不了解，通常会继续问一些问题，但前提是他觉得你在真诚地跟他沟通，而不是敷衍，所有的只为了他“听懂”。

## 凡事多想一步

很多时候，人表现出来的情商低都是由于想得太少。例如，跟一个单子时，上来就给客户介绍一通产品特点，价格多么便宜，没有提前调查、询问客户情况，完全不考虑客户的真正需求；约客户的时候，不考虑路况，让客户在见面地点傻等半天。这都是因为考虑不周全、思维不严谨造成的结果。

销售本质上是追求共赢的局面，既让客户满意，又能够达成交易。由于经常跟客户打交道，凡事多想一步，尽量做好万全的准备，不让对方陷入尴尬境地，才能留下办事靠谱的好印象。

## 多站在客户角度考虑问题

销售员时时刻刻都要与客户构筑关系，并处理好关系。但如果你的关注点只在自己的需求上，而不是先去了解和考虑客户的需求，和客户就无法沟通到点子上。情商高的人则会把控与他人的关系，站在对方的角度思考问题。

当你站在客户角度考虑问题时，就知道说哪些事情客户不会生气，做哪些事情客户会高兴。可以说，你此时能顺利地控制好双方的心理，让你在满足客户需求的同时，还能把事情做好，赢得客户的认可，最终达成交易。

## 4. “管”好客户前，先“管理”自己的情绪

众所周知，由于销售工作是与不同性格的客户打交道，加之涉及产品、售后的问题，所以，销售工作千头万绪且瞬息万变，销售员的情绪波动变化很大。特别是遭遇到推销失败和顾客投诉时，销售员的消极情绪会达到峰值。内心稍微脆弱一点的人，要么会变得气急败坏、失去理智，要么会悲观失望、彻底丧失信心，这些都是情商不够高的表现。

作为一名销售员，不但要具备更强的抗压能力，还要具有自我情绪调节能力。只有这样，才能在顾客情绪不佳时稳住自己的心神，不至于情绪失控，做出激化对立的行为。无论此次销售的结果如何，这一页都应该翻过去，重新保持平和的情绪来处理下一单生意。

做销售这一行，情绪管理至关重要。情绪好不一定成事，但情绪不好却一定会坏事。作为销售员，面对需求各异的客户、高负荷的工作状态、社会及世俗偏见、管理者的不当管理以及自身的认知偏差、个性弱点等因素，很容易在工作中产生种种负面情绪，影响销售工作的质量和效率。

销售员要进行情绪自我管理，就是因为糟糕的情绪不但容易坏了自己的大事，还会对他人产生不良影响。正如巴萨德教授所言，“情绪会像病毒一样，由一个人传染给另外一个人”。所以，销售员应根据自身

的实际，加强对社会和自我的认识，克服自我的性格弱点，树立正确的人生观、价值观，以实现情绪的自我管理。

我有个学员，在一家大公司做售后服务。

一年，他们公司最大的年度项目是服务某著名公司，而这个项目的协调人就是他。他上岗前，在公司受过专业的客户服务技能课程培训，业余时间也听过许多相关的课程。虽然学过这么多的理论知识，可是一旦用于实践中，他还是有点力不从心。

他最初与某著名公司的人员打交道时，感到特别吃力。先是和该公司业务部门的关系紧张，后来了解到原因是公司之前的项目没有满足客户的要求，这让对方项目交接人和参与人员憋了一肚子气，对方非常不礼貌地说："请问我们付那么高昂的服务费，你们是怎么为我们提供服务的？如果继续合作，你们用什么给我们提供信任？"

看着对方那张冰冷而又拒人于千里之外的脸，他脸面上也有点挂不住。毕竟都是成人了，即便是工作有失误，对方谴责人的话也让人难以接受，但对方是客户，绝不能顶撞的。于是，他控制住自己的情绪，微笑着说尽好话："您批评得对，我们再多的保证，不如去行动，您就看我们接下来的表现吧！"

就这样，他每次去时都是谦虚谨慎地说好话，最重要的是多听对方数落，几次对话后，对方的气渐渐消了，态度一次比一次好。

一次，客户负责人打过来电话，在电话中又是各种挑毛病和训话，或是发牢骚和抱怨，他一边要应对领导交代的工作，一边要尽全力耐心疏导对方的情绪，为了跟对方处好关系，他还会询问对方个人有什么需要帮助的。

那段时间，因为跟客户沟通不顺，他经常挨领导训斥，曾一度怀疑自己的能力。但他面对极为挑剔的客户，还是保持克制自己的情绪，或是小心地回答客户的问题，或是耐心倾听，很多时候，他一放下电话就如释重负，好多次都有过离职的打算。为了安抚客户的情绪，他中午顾不上吃饭，认真地把报告修改好，直到客户满意为止。

经过两年的历练，他在客户面前能够应付自如了。为此，客户方的副总裁多次在领导面前夸奖他。这让领导很高兴，对他说："现在找一位能力强、情绪控制又好的销售员真是太难了，总算找到你了。也就是你能把我们脾气那么大的客户搞定，还互相配合得这么默契，真是很不容易啊！"

事后他总结说："我的工作能做顺手，可能是时间长了磨平了棱角，但真实的原因，我知道，要想事情进行得顺利，要想处理好客户的坏情绪，先管理自己的情绪太重要了。"

每个人在工作中都会跟人打交道，而且只要跟人打交道，就必定需要情绪管理。一般的情况下，我们知道有体力劳动、脑力劳动，但情绪劳动却经常被人忽略。

作为销售员，如果没有良好的情绪劳动付出，既无法说服客户、打动客户，让客户采取行动，达成购买意向，也无法让自己在销售行业坚持下去。

情绪是一把"双刃剑"，管理不好，在伤到自己的同时也会伤到别人；管理好了，就能披荆斩棘，做任何事情都顺顺利利。低情商的人总是被情绪所左右，无法冷静地说话做事。哪怕内心明明知道自己在犯错，也不肯改正，直到出了大麻烦才追悔莫及。高情商的人则懂得根据场合需要来调节自己的情绪，并设法稳住对方的情绪，以便把事情促成。

任何销售都会跟客户打交道，其实，跟客户打交道，更多的是"管理"客户的情绪，客户的情绪稳定了，你们的关系就稳定，后面的工作就容易做下去。所以，销售员要"管"好自己的情绪。

下面，就为大家提供几种方法。

## 用真诚和热心营造稳定的情绪

稳定的情绪能让你在状态好时晴空万里；状态不好时，你也能应付自如。热心会让你的情绪产生积极的结果，这是因为情绪具备感染力，面对你的热情，客户即使有怨气，也不容易发出来。真正的热心是一种生活方式，是内在境界的一种外在表现，与大声讲话或多说话没有任何关系。

## 正视情绪差别

人和人之间的相互需要，是因为他们之间的差别，而并非他们的共同点。对别人不同的态度和行为抱着好奇心和包容心，可以驱散心中的仇恨。所以，面对客户的坏情绪，你要给予包容，并且试着帮助客户驱散阴霾。

## 及时清理情绪垃圾

愤怒、仇恨都是让人讨厌的情绪，可称之为“情绪垃圾”。这些堆在你心灵上的垃圾，会在你人生旅途中一一出现，在你和他人接触的过程中也会碰到。当你内心不诚实时，你就会怀疑别人；当你不信任自己时，你也不会信任别人。当自己不珍惜别人时，你会发觉别人也不在乎你；你所关注的事，往往也是别人所关注的事。所以如果你希望与客户好好相处，就要懂得关心客户。

## 积极付诸行动

有思想才有行动，因此你应当前一晚做好规划，以便第二天执行。这会让人养成积极计划的好习惯，对自我发展十分有利。行动力可以产生更强的热情。事实证明，热情的驱使，能让你的人生变得更精彩。

## 5. 控制情绪，绝不与客户争执

人们常说，“冲动是魔鬼”。在工作中，要学会控制自己的情绪，不要冲动。和客户吵架，相当于“杀敌一千，自损八百”。所以，做销售员要学会忍耐。无论客户有多急，脾气有多大，你要始终给予耐心，笑脸相迎，并拿出诚意来解决问题，就没有过不去的“火焰山”。一气之下跟客户吵架，就等于向其他客户下“逐客令”，会给客户留下不好的印象。有些客户可能因此不愿再进店购物，店铺就会无法聚集人气、聚拢客户，久而久之，生意就会冷清，甚至会越来越差。

2018 年 7 月 7 日，哈尔滨市刘金来到一家粥铺吃饭。在吃饭过程中，刘金手机不停地收到信息，他就低头回复。

此时，一名女服务员走到他桌前，迅速将刘金使用的盘子、碗等一股脑儿地扔在了垃圾桶里。

“我还没吃完呢?”刘金一下子就怒了。谁知，女服务员更加激动：“你在那儿一直玩手机，我以为你吃完了呢!”两个人发生争执，互不相让。没想到的是，女服务员竟将邻桌的半碗剩粥直接扣在了刘金头上，又上前一顿厮打。

民警赶到现场，将两个人带回派出所。经查验，刘金的头部、脖子处均有被烫伤的痕迹。

直到此时，女服务员才慢慢“消停”了，说话的嗓门儿也降了下来。她说，当时人太多，屋内发闷，所以影响了她的工作心情，本来心情就很烦躁，碰到刘全跟她吵架后，她的脾气马上就上来了，没控制住自己的行为。女服务员被警方处以行政拘留10日的处罚。

在餐饮服务工作中，这是最忌讳的事情：因为控制不住情绪，影响他人就餐。相信上例中的饭店在发生这件事后，会很难再有顾客去光顾的，并且会使整个饭店的口碑因为这件事情一落千丈。

研究显示，一个人愤怒的瞬间，智商为零，过一分钟后恢复正常，在此期间应该平复自己的情绪，而不是不加以控制地随意发泄。

控制不住情绪，往往原因都在自身，主观意识决定行为，看别人不顺眼，是自己修养不够。

销售员一旦因为控制不住情绪跟客户争执，那么结果就像“多米诺骨牌效应”，当你把自己的情绪发给第一个客户后，后面的客户也就离你远去了。

我居住的小区附近，有一家连锁超市。

一次，我逛超市时，想在蔬菜区买点新鲜蔬菜，却发现一名销售员在跟一位顾客吵架。

原来，那位顾客看到超市的蔬菜坏的较多，就忍不住问道：“怎么都是一些不新鲜的菜啊，有没有好一点儿的？”

我们都知道，任何商家都不愿意顾客挑自己商品的毛病，哪怕自己的商品质量真有问题，他自己也看不到。因为对于销售员来说，商品就像自己的“孩子”，自家孩子当然是越看越好看了。

在一旁的销售员听了大怒：“这菜明明都是新摆上来的，你还说不新鲜？新鲜的有啊，在那边。”说着他一指有机专柜，“但那价格怕是你吃不起吧！”

顾客一听急了："你这是什么态度？我不就是问问吗？有必要进行人身攻击吗？"

销售员也不示弱："你到底是来买菜的，还是来看我的态度的？我哪句话对你人身攻击了，别血口喷人了。"

顾客气呼呼地把拿在手中的菜一扔，说："没想到你家菜不怎么样，人更不怎么样。我再也不会来你这里买菜了。"

"谁稀罕你来呢，买一把青菜还这么事儿妈。"销售员情绪越来越大，"本店也不欢迎你。"

顾客是一位女士，见状指着男销售员说："看你这傻样，早知这店里有你，你请我来都不来，我瞎了眼，以前还给你们这里送钱，你们就这样对待一个上门送钱的顾客？"……

一来二去，中年男销售员和女顾客吵得不可开交。其他买菜的顾客也不买了，都来围观，看着销售员那蛮横的态度，一个个顾客都摇摇头。有很多正在超市购买商品的顾客看到这种情形，也都皱着眉头纷纷离去。

上例中这个中年男销售员就是典型的情商低的表现，因为不懂得控制情绪，才将一个本来不该发生的冲突事件放大了。同样是面对顾客的挑剔，情商高的销售员则会笑着回答："真抱歉，这次进的菜有的确实品相、质量不好，不过您看这价格是不是相对地也便宜一点儿呢？您看我们有机食品专柜的菜，看着是新鲜，可价格也摆在那里呢。您说是不是？不过依我的经验，如果现吃，这菜买回去还是挺划算的。"

销售员情绪失控把气撒在顾客身上，这是自断后路的行为。对于销售员来说，要想把工作做好，就要有忍耐的精神，有容人的肚量。要明白销售员和顾客之间的关系，是成交，不是斗气的，更不是吵架的，而是为了给公司赚钱，从而改善自己的生活质量。

忍耐是一种策略，学会控制自己的情绪，也是一种销售技巧。俗话说“和气生财”。销售员在与客户交往过程中，遇到客户发脾气、占便宜、耍蛮横等情况时，一定要做到用微笑化解矛盾，用道歉求得谅解，用宽容善待客户。只有这样，才能赢得客户信任，你的工作才会越来越好。

有许多时候，我们都是说着容易，真正做到却很难。所以，销售员在客户面前，控制情绪是非常重要的，下面就为大家提供几种方法。

### 抓住时机跟客户处好关系

销售员在与客户交往的过程中，开头与结尾常常给对方留下深刻的印象。特别是最后一刹那感受的强烈印象，更能左右客户对你整体的评价。所以，你在与客户交往时，越在最后一刻，越要控制住自己的情绪，争取给客户留下一个好印象，这非常有助于增强客户对你的信任感。

### 找到跟客户相处的方式

与客户交往要用独到的眼光，根据客户的特点，运用不同的方式，来拉近彼此的距离。当你跟客户关系处好了，客户就会受你的影响，不会发脾气的。

### 掌握好说话的分寸

销售员让客户感觉愉快并不等于一味地拉近与客户的关系，而是要保持适当的距离，同时还要掌握好说话的分寸。其实，客户跟你一样都是普通人，他们情绪的爆发，有很多个人原因，并不只是针对你，如果你能够在他们情绪不好时，做好安抚工作，相信客户就不会再为难你了。

## 真诚地回答客户的问题

要管理好客户的情绪，就必须出自真诚，给客户愉快感受。说了做不到、说假话、做不真诚的事，都比不说、不做要糟，那样会彻底失去客户的信任。

## 在跟客户沟通时要多关注细节

对于商家来说，有很多事半功倍的招数都可以考虑，“把客户放在第一位”不只是说在口头上，而应体现在行动上，体现在每一个细节上。

## 给客户良好的情绪体验

销售员要给客户良好的情绪感受，要学会“穿客户的鞋子”，即把自己放在客户的位置，去实际体验客户的感受。

## 6. 有效管理情绪的几大步骤

每一个人对自我情绪都具备一定的自制能力，只是不同的人自制能力不同罢了。一位伟大的哲人说了这样一句话：“如果敌人让你生气，说明你还没有胜他的把握。”当然，此处的“敌人”未必是有你无我的“死对头”，可以是上司或同事，还可以是竞争对手，更可以是客户。

心理学上有一个著名的“ABC”理论，即情绪的产生并不是诱发事件本身直接引起的，而是经历这一事件的个体对这一事件的解释和评价所引起。销售员很可能会年轻气盛、血气方刚，对很多话听不进去，对别人的很多做法看不下去，在与他们斗智斗勇过程中亦缺乏耐力与韧性，结果很容易打开自己泄洪的闸门……

我们说的情绪管理强调自我性，就是要让销售员知道，你才是管理自己情绪的主角。

一天，佛陀行经一个村庄，一些前去找他的人对他说话很不客气，甚至口吐秽言。佛陀站在那里认真地听完，问道：“谢谢你们来找我，不过我正赶路，下一村庄的人还在等我，等明天回来之后会有充裕的时间，到时候你们如果有什么话想告诉我，再一起过来好吗?”

那些人简直不敢相信自己的耳朵，不明白佛陀为什么会这样。其中一个人问佛陀："难道你没有听见我们说的话吗？我们把你说得一无是处，你却没有任何反应！"佛陀温和地说："假使你要我反应的话，那你来得太晚了，你应该在十年前来，那时候的我就会有所反应。然而，这十年以来我已经不再被别人所控制，我不再是个奴隶，我是自己的主人。我是根据自己在做事，而不是跟随别人在反应。"

优秀的销售员在客户面前就得像故事中的佛陀一样，有情绪自我管理的能力。简单地说，情绪管理分为以下5个步骤，当然，在实际操作中并没有想象的那么简单，就如同修行一样。

## 体察自己的情绪

作为销售员，必须随时"监控"自己的情绪，要善于多向自己提问，包括：现在情绪如何？我还会遇到什么样的糟糕情况？要是那样我怎么办？我现在有什么感受？我产生情绪波动了吗？……要知道，人一定会有情绪的，压抑情绪反而带来更不好的结果，学着体察自己的情绪，这是实施情绪自我管理的第一步。

## 接纳自己的情绪

当我们感到自己愤怒时、伤心时会怎么想？怎么做？大多数人对此是没有觉察的，或者行动被自动开启了，这就是有些人常说的"我心里明白不该对别人发火，我却做不到"。

销售员也是如此，当你这些合理的情绪出现时，并没有所谓的好与坏。面对客户的无端的指责和抱怨，有些销售员愤怒了会忍让，有些销售员会找合适的渠道发泄，而有些销售员则会对客户发脾气，伤及客户。所以，坏情绪是致命伤！而这种情绪与行动之间仿佛有一个无形的按钮会自动开启，难以被觉察。

那么，销售员如何改变这种情绪和行动之间的自动按钮，做一个情绪管控能力强的人呢？这就要看你是否能够接纳自己正常的情绪了。当你觉察到自己的情绪时，只需告诉自己“我现在的愤怒是正常的，是遇到了某件事该有的情绪”。这样慢慢地接纳自己也可以是一个有情绪的人，把情绪—接纳—行动的按钮重置，让自己变为高情商销售员。

## 疏导自己的情绪

销售员进行情绪的自我管理，不是完全地控制自己，因为越是控制就越容易失控。就如洪水超过汛限水位需要泄洪一样，在自我情绪管理方面同样需要发泄，或者说表达。但是，情绪疏导的前提是心理健康。要知道，人的情绪与人的心理健康状况是紧密联系的，“牢骚太盛防肠断，风物长宜放眼量”。其实，牢骚满腹只是一种不恰当的情绪疏导，牢骚越多副作用越大。

那么，如何缓解和消除精神压力呢？缓解压力的方法：一是大吼，如我国体操运动员程菲在体操表演前都要大吼一声，其实这是在缓解压力；二是听音乐，听一些轻柔、舒缓的音乐，有助于减轻你的压力；三是积怨倾诉，将你自己心中的不满向家人或好朋友倾诉，你也能得到解脱；四是放松神经，进行放松训练，如呼吸法、肌肉训练法以及自我催眠、自我暗示训练法等；五是适度运动，如在办公室做压力操；六是通过其他设施，如某快递公司为员工提供减压球，员工压力大时可以以此球减压……

## 转移自己的情绪

说到转移情绪，有这样几幅漫画：第一幅画中画了一个人正遭到老板的破口大骂。因为跟老板顶嘴是有危险的，所以他只能低头默默地承受；第二幅画是他回家后对妻子咆哮，发泄自己的满腔怒气；在第三幅画里，妻子对孩子们咆哮；第四幅画里孩子们则出去踢了狗，狗又咬了猫。这几幅漫画形象地说明了人是怎样置换自己的情感的，特别是愤怒的，或者说情绪转移。所谓情绪转移，就是把对某一对象的情绪转移到另一对象身上。

作为销售员，出于工作原因，接收到的负面情绪要比其他人多，所以必须想办法转移自己的情绪，把自己对客户的愤怒或喜爱进行转移以避免冲动，从而满足情感需求，化解心理焦虑，缓解心理压力，这就是转移的作用。实际上，这是人们常用的一种心理防卫机制。

不过，在自我情绪管理方面也要防止情绪转移。例如，销售主管批评了你，你就把气撒到客户身上，或者其他同事身上，这些都不可取。为此，你要学会进行自我心理调节和疏导，并懂得与人保持良好的沟通和交流，以及多进行换位思考，或者进行虚拟宣泄而不针对实际工作中的某一个人，实现不良情绪的正确转移，这样就不至于使情绪极度恶化。

## 陶冶自己的情操

这一点是销售员很容易做到的。出于工作的原因，销售员要与不同性格的客户打交道，前面我们也讲过，在顶尖销售员跟客户谈论的话题中，非专业的话题远高于专业话题。所以，如果你想得到更多客户的喜欢，就多看书、画画，学音乐、舞蹈等，当你培养了广泛的兴趣爱好时，既能让你跟客户有话题可谈，又能陶冶自己的情操，何乐而不为呢？

第2章

# 心态乐观，成交不傲遭拒不恼

1. 积极乐观的销售员更有感染力
2. 伟大的销售员都能积极地定位自己
3. “我可以”的信念，让你不怕一万次的拒绝
4. 不以签单论英雄，才能越挫越勇
5. 时刻保持微笑，让客户愿意亲近你
6. 不急于求成，找到建立自信心的方法

## 1. 积极乐观的销售员更有感染力

情绪之于人，就如同水之于舟。水能载舟，亦能覆舟。积极的情绪给人带来积极的行动力和成功的果实，而消极倦怠的情绪则使人整日不知所谓，到头来失败也总结不出原因。

对于销售员来说，如果没有乐观的心态，就会失去很多客户与交易的机会。当销售员面对困难的时候选择退缩，那么就无法完成销售任务，也必将会对生活失去信心。

两名销售员，如果一个是积极乐观的，另一个是消极悲观的。那么前者一定会比后者更讨客户喜欢，在职业生涯中做得更顺、更好！

两家电脑销售公司分别派出了一名销售员去开拓市场，一个叫吴金山，另一个叫张扬。在同一天，他们两个人来到了同一个地方，到达当日，他们就发现这个地方的人根本不知道什么是电脑，也就是说，他们对电脑一无所知。

当天晚上，吴金山给总部的领导发了一封电报："领导，这里的人不懂电脑是什么，有谁还会用电脑？我建议公司别在这里开拓市场了。"

张扬也给国内公司总部发了一封电报："领导，太好了！这里的人都不懂电脑。我决定在这里多待几天，向他们普及电脑知识，让电脑改变他们的生活和工作。"

两年后，这里的很多人家都用上了电脑……

面对同一个市场，两名销售员的态度却截然不同，积极乐观的张扬看到的是商机，而消极悲观的吴金山看到的则是失望，因为看待市场的角度不一样，收获的成果自然是天壤之别。

任何事情都具有两面性，就如同古人说的，塞翁失马，焉知非福。其差别就在于一个是积极乐观的，一个是消极悲观的。积极乐观的人，无论是遭受失败还是面对困难，都会用积极的心态暗示自己，只要自己去努力，一切都会朝好的方向发展。正是这个坚定的信念，才让他们在行动上会变得积极起来。

当然，积极乐观并不只是口头上说说而已，必须是发自内心的。这就是为什么一些公司和店铺，为了提高员工的士气，组织他们喊一些“我能行”“我可以做到”等鼓舞士气的口号了。更重要的是，乐观的销售员会在困境中把握住销售机会转败为胜。

从事销售这个行业，挫折是普遍存在的，随时随地都可能发生。所以，销售员要做好面对挫折的充分的心理准备，这样才能让你在遇到挫折时不会惊慌失措，痛苦绝望，而能够正视现实，敢于面对挫折的挑战。积极乐观的销售员，会在整个销售过程中感觉到很多快乐、幸运和幸福的事情，哪怕他们遇到挫折时，也不会只看到挫折带来的损失和痛苦，而是看到更多自己的优点和已取得的成绩，这让他们不会轻易地在遭遇挫折时产生不良情绪，即使有，也能让自己尽快从情感的痛苦中解脱出来，以理智面对挫折。

成功前的“推销之神”原一平，曾经穿破了 1 万只鞋子，行程相当于绕地球 89 圈。他说：“我的座右铭是比别人的工作时间多出 2~3 倍，工作时间若短，即使推销能力强也会输给工作时间长的人，所以，我相信若比别人多花 2~3 倍的时间，一定能够获胜。我要靠自己的双脚和时间来赚钱，也就是当别人在玩乐时，我要多利用时间来工作，别人若一天工作8小时，我就工作14小时。”

销售是一项充满坎坷与挫折的工作，销售员要想出人头地，要想比别人做得更好，就必须拥有一个积极的心态。

由此可见，乐观可以让失败和遇到挫折的销售员看到胜利的希望，重新振奋精神并客观冷静地分析失败的原因，从而提升自己的销售水平，从失败不断走向成功。悲观的销售员则会沉溺于失败强烈挫折感和自责、自卑之中，逐渐失去信心而放弃。所以，要想做顶尖销售员，必须拥有积极乐观的心态。

## 积极乐观是销售员成功的必备条件

积极乐观对于销售员来说，就是无论在什么情况下，即使业绩很不理想仍然保持良好的心态和工作热情、相信逆境总会过去、相信成功总会到来、相信失败就是成功之母，在经历无数次的失败之后，依然相信再坚持一下订单就会属于自己。

例如，公司设定每月销售任务是80万元，过了20天，销售员完成45万元。乐观的销售员就在心里鼓舞自己：“我已经成功了一多半，再加把劲儿就会成功的。”这么一想，他会着手改进工作计划并积极去执行，而悲观的销售员则会宣布放弃，在他们看来，45万元离80万元差了将近一半，要想在10天内完成，简直是做梦。

## 积极乐观的销售员会充分发挥自身的潜力

在积极乐观的销售员眼里，看到的都是希望。只要有希望，他们就不会放弃。正是这种不放弃的精神，激发了他们身上那股“一定成功”的潜质，从而激励自己摘取成功的桂冠。例如，汽车巨子亨利·福特在年轻时担任过工程师的职务。一次，他带队修筑一条河堤，不料突然来了场暴风雨，大水淹没了所有的机器设备，辛苦构筑的工程也全遭摧毁。当洪水退去之后，工人们望着遍地的泥泞与东倒西歪的机器，一个个感到万念俱灰。

“你们怎么都哭丧着脸？”福特笑着问大家。

“你自己瞧！”他们哭丧着脸说道，“遍地都是泥泞。”

“我怎么没瞧见？”他爽朗地说。

“这不是吗？还有那里……”工作人员指着满是泥浆的机器，不解地说。

“我只看到蔚蓝的晴空，那上面没有一片泥巴，即使有，泥土又如何抗拒阳光的照射呢？不久泥土就会结块，我们就可以重新开动推土机了，不是吗？”

很多时候我们不是输给了竞争对手，而是输给了自己，销售员在与竞争对手争夺客户时，提供的方案（产品/服务）和综合实力不是没有赢的希望，而是由于悲观的心态自己就把自己给否定了，从而白白浪费了销售机会。

## 积极乐观的销售员更容易把情绪传递给客户

积极乐观在很多时候就是正能量的代名词，这样的人不但善于发现工作和生活中的真善美，开放自己的心胸，让自己活得开心快乐，随时带着微笑，走到哪里都是“阳光使者”，还会把这种情绪传递给周围的人。

销售原本就是一种信心的传递和信念的转移，而快乐具备一种强大的传播力、吸引力和影响力。乐观的销售员在跟客户介绍产品时，能让积极乐观的情绪感染客户，让客户享受产品本身带来利益的同时获得一种快乐的消费体验，让客户更容易跟你交往和敞开心扉。

## 积极乐观的销售员总是看到事物积极的一面

在一名积极乐观的销售员的心里，几乎填满了“快乐阳光”，他们深信只要不放弃，成功说服客户只是早晚的事情。例如，同样是被客户拒绝多次，积极乐观的销售员会想：“没有失败何来成功，天下之大，我相信还有更好的客户等着我呢，这次我遭受到拒绝，说明我需要在沟通技巧上下功夫了。”结果是，积极乐观的销售员从自身找到原因后，就会想办法自我提高，这样再见到客户时，他的表现也会有进步的。就这样，他们在失败中不断调整自己，不断地让自己进步，直到谈成交易为止。

消极悲观的销售员则会想：“为什么我总是被人拒绝，是不是我根本就没有做推销的天分呢？我不能再这样下去了，还是换一份工作试试吧。可是再换工作，还要投简历、面试、适应新环境，太麻烦太冒险了。唉，我怎么这么倒霉啊，我什么时候才能转运呢？”结果是，他们会越来越害怕被拒绝，越来越害怕见客户，而另换行业，他们又觉得太麻烦了。就这样，他们会在失败中不断地否定自己，不断地让自己退步，直到完全以失败告终。

## 2. 伟大的销售员都能积极地定位自己

乐观的心态，对销售员还有一个好处，那就是他们能够在工作中积极地定位自己。

阮军是我公司的销售总监。记得他在入职不久写的工作周记里的一句话让我眼前一亮，这句话是这么写的：

作为一名销售精英，我这周表现好的地方有以下几点……但这还远远不够，我计划在接下来的一周要求自己必须谈10个准客户，20个有意向的客户，30个潜在客户，挖掘40个在半年内签单的大客户……

正是阮军对自己销售的积极定位，才让他在入职三个月时，就能拿下两个大客户，而且他第三个月为公司创造的回款利润是一般销售员一年的业绩。一年后，他就晋升销售部门的总监。直到现在，他每月谈的客户量仍然是整个部门最多的，其业绩是下属的一倍。

我在我的学员中也发现，那些听我课的销售员，大多是刚选择做这个工作不久，可他们对自己的定位都很高，要么是要做销售界的原一平，要么是要做伟大的销售大师乔·吉拉德。当他们对自己有了这样积极定位后，在以后的销售生涯中，都做得相当出色。

销售是一门艺术。一名伟大的销售员应该具有执着的追求和非凡的魅力。一个销售员的成功，不仅在于他能赚取多少佣金，取得多少荣誉，更在于他在整个销售过程中有没有以客户的利益为依归，整个销售过程中有没有坚守专业操守，以及为客户提供优质的售后服务。所以，伟大的销售员必须做到以下几点。

## 拥有坚定的自信心

自信心是销售员对自己行为的正确性坚信不疑的信念。坚定的自信心能让销售员正确定位自己的角色。而且这种自信不是盲目的，不是超越自我现实的无根据的自信，而是在自我认识和自我评价的基础上建立起来的自信。能对自己各方面进行分析、比较、判断，弄清自己的长处和短处。法国哲学家卢梭说：自信对于事业简直是奇迹，有了它，你的才智可以取之不竭。一个没有自信心的人，无论他有多大才能，也不会有成功的机会。自信心是销售员的精神支柱，它能使销售员激发出极大的勇气和毅力。敢于面对挑战，在困难面前临危不乱，处事不惊。

信心是一种力量，拥有信心的销售员每天工作开始的时候，都要鼓励自己："我是最优秀的！""我是最棒的！"信心会使他更有活力，他不但相信自己，也相信公司，相信公司提供给客户的是最优秀的产品，相信自己所销售的产品是同类中最优秀的，相信自己能够做好自己的销售工作。

## 用热情影响客户

很多销售员缺少销售时的热情，只是刻板机械地向客户介绍，这样的效果非常差，因为相同的信息客户可以从宣传材料上获得，但那种冷冰冰的东西不会帮你卖掉商品，你需要用自己的热情带动起客户的热情，把他拉入一种氛围中，这时候客户就更容易做出购买决定。

## 真诚地对待客户

凡事要有诚心，心态是决定一个人做事能否成功的基本要求，作为一名销售员，必须抱着一颗真诚的心，诚恳地对待客户，只有这样，客户才会尊重你，把你当作朋友。销售员出外拜访客户，代表的是公司的形象，是企业素质的体现，是连接企业与社会、消费者、经销商的枢纽，你的言行举止会直接影响到公司的形象。所以，销售员要用一颗真挚的诚心去面对客户。

## 良好的心理素质

销售员只有具备良好的心理素质，才能够面对挫折不气馁。因为你面对的每一个客户都有不同的性格，自己受到打击要能够保持平静的心态，要多分析客户，不断调整自己的心态，改进工作方法，使自己能够去面对一切责难。只有这样，才能够克服困难，同时，也不能因一时的顺利而得意忘形，要以一颗平常心来面对工作，面对你的事业。

## 专业知识必须扎实

无论做哪方面产品（服务）的销售员，有一点必须做到，就是对自己销售的产品的专业知识一定要扎实。一定要透彻地了解产品，只有自己了解透了，在接下来跟客户谈的过程中才能顺畅地聊下去，才能运用自己的专业知识为客户解决问题。

## 懂得随机应变

这里所说的随机应变，指的是面对不同的客户要采取不同的措施。在跟客户交谈的过程中，自己要根据客户的不同性格，采取不同的措施解决问题。有些客户性格会比较冷淡，那么这个时候你一定要热情，一定不能冷场，要用你的热情感染客户。

## 善于细心观察客户

做销售员不能粗心，要做个好销售员更不能粗心。自己观察客户，通过一些细节，能得出这个客户的资料，从而对你接下来跟他谈单起到很大的作用。所以，一定要细心观察客户的一举一动，有时可以从客户的举止中判断客户的意图。

## 要不断地学习

销售员要和各种各样的人打交道，不同的人所关注的话题和内容是不一样的，你必须要具备广博的知识，才能与对方有共同话题，才能谈得投机。所以，销售员不仅要阅读各种书籍，养成不断学习的习惯，还要向你身边的人学习，要不断向你的同事请教，培养利用一切机会学习的能力。

同时，销售员要做到勤思考、勤总结，要养成日总结、周总结、月总结、年总结的习惯。你每天面对的客户不同，就要用不同的方式去谈判，只有你不断地去思考、去总结，才能与客户达成最满意的交易。

## 3. “我可以”的信念，让你不怕一万次的拒绝

信念的力量是无穷的。哪怕所有人放弃你，只要你认为“我可以”，那么你就一定能实现你的目标和梦想。做销售员更是如此，只要你决心成功，失败永远不能把你打垮！

困难永远存在，但办法总比困难多，有信心就有一切！

销售员每分钟都可能创造奇迹。这个世界上没有什么绝对“不可能”的事。你所能想到的一切，只要你坚信并采取行动，就可能实现。

一个老板，问他企业里那些销售冠军：“你们面对客户的多次拒绝，是如何说服自己没有放弃的？”

他们的回答五花八门：

“无论在什么情况下，我都相信‘我可以’，可以签单，可以成交客户，可以做得更好。”

“面对拒绝，我对自己说，天下之大，最不缺的就是人，这个人拒绝了我，我再找下一个人去。”

“上帝为我们关上一扇门的同时，也会给我们打开另一扇窗。”

“失败是成功之母，没有多次的失败，何来的经验和教训？”

……

他们慷慨激昂的回答，就像微信圈里那些鸡汤短文，让人激动不已。

当我们心中拥有了“我可以”的信念时，就没有什么可以阻挡你前行的脚步了。那么，你还会害怕客户一次又一次拒绝吗？在销售员璀璨的职业舞台上，正因为“我可以”的信念，才涌现了吉尼斯世界纪录大全认可的世界上最伟大的推销员——乔·吉拉德。

“当客户拒绝我7次后，我才有点相信客户可能不会买，但是我还要再试3次，我每个客户至少试10次。”这是乔·吉拉德的职业名言。

按乔·吉拉德的这种不怕拒绝的信念，他还愁没有客户吗？信念的力量究竟有多大？

美国电影巨星史泰龙在成名前，可谓是穷困潦倒。他没钱租房子，没钱吃饭，只能睡在车里，但他深爱着演员这个职业，在爱的支撑下，他用身上仅有的一百美元来买纸笔，写着在别人看来甚为可笑的“剧本”。

当时，纽约的500家电影公司，都拒绝了既没有背景又长相平平，同时还咬字不清的史泰龙。但他一边接受别人对他的嘲笑和奚落，一边拿着他写的名为《洛基》剧本四处推销。乐观的他，每被拒绝一次，就记下来。

终于有一天，他在被拒绝1855次后，遇到一个肯拍《洛基》剧本的电影公司老板。不幸的是，对方拒绝他在电影中演出的要求，面对史泰龙这样一个骨灰级的职业“推销员”，这算不了什么。果然，在他的一再坚持下，对方答应了由他主演。

《洛基》上映后，获得了1976年奥斯卡最佳影片等奖项。

把“我可以”的信念植入内心，你也能像史泰龙一样，在面对1855次的拒绝后不会放弃，那么你也会像史泰龙那样成功的。

当你的销售工作做得不顺，想放弃自己的职业梦想的时候，多问问自己："我被拒绝1855次了吗？"

越是业绩显赫的销售员，被拒绝的次数越多，只不过，他们是善于从被拒绝中学习更多、更新的销售方法或是修正自己的态度，每一名出色的销售员都经历过无数次的被拒绝。

一位65岁的美国老人，发现自己有一份无形的资产——炸鸡秘方，于是开始四处兜售。但迎接他的是一次又一次的拒绝，然而老人并没有沮丧，没有止步，经过1009次被拒绝之后，在第1010次，终于有人采纳了他的建议，从而也有了如今遍布世界各地的快餐——肯德基。1009次拒绝，你能承受吗？

日本一位著名的保险销售大师原一平身高只有1.45米，在27岁以前还一事无成。后来他进入了一家保险公司，花了7个月的时间才签下了保险生涯的第一单。在入行初期，欠房租、睡公园是家常便饭，但他仍然坚持每天认识4个陌生人，从来没有放弃。最终他成功了，成为日本有史以来最伟大的保险销售员。

我的朋友赵宁第一次做销售员时，是在一家新成立的公司。他半年时间都是零业绩，但在这个零的背后他没有休息过一天，甚至一个小时，每天第一个到公司，和大厦搞卫生的阿姨同时到，凌晨和老板一起离开公司。虽然这么长时间没有客户，但他每天的目标是成为公司优秀的销售员，那就是见人就分享、开口就赞美、一转话题就推销，一天被拒绝的次数没有200次，也有199次，剩下的那一次，是对方看他可怜，以"考虑考虑"来摆脱他。

那时，他告诉自己："你能行，成为公司的优秀销售员，是早晚的事。"每天下班回家后，他会跟自己沟通："今天虽然又被客户拒绝了一天，但你表现不错，我看好你，你能行，明天继续。"

这些自我勉励的话都是他发自内心的，因为客户从来不给他完整表达的机会就拒绝了他，所以，他告诉自己要坚持。

就是在“我能行”这三个字的支撑下，他花费了比同事多几倍的时间找客户、约客户。在跟形形色色的客户打交道时，无论客户怎么对待他，他都会笑脸相迎。那个时候，忙碌一天的他，每天晚上都要抱着成功人士的书入睡才能不做噩梦。这让他的口才和胆量得到了锻炼。

半年后的一天，有位拒绝他N次的客户，在生日那天收到他亲笔写的生日祝福贺卡和礼物后，主动打公司电话邀请他和她的朋友一起给她过生日。

她生日过后，主动到公司给他开了一个大单，并且当着老板的面真诚地对他说：“你让我很感动，你的勤奋，你的付出，你的努力，你的改变，这半年以来你很用心地和我交往，我拒绝你无数次，可你从来不生气，依然面带笑容地给我提供建议和服务，特别是我生日那天你真诚的祝福让我很感动，我必须支持你！”

那年年底，在经历差不多有一万次的拒绝后，他成为公司年度优秀销售员。在此之前，他每天同10~15位陌生客户用心交流，10个月后，有300多位准客户被他至少邀请到公司三次，最多的有十几次。他们大多是被他的诚意感动的。

作为销售员，我们必须明白一个道理，客户对你的拒绝，并不是针对你的，而是一种习惯性的反射动作。就像我们买东西都喜欢做两件事：一是挑毛病，二是砍价，如果你没做这两件事，店家都不相信你会买东西。

理查·班德勒是NLP（神经语言学）的创始人，世界NLP领域的最高权威，也是著名的催眠大师。一般来说，你只有遭遇了拒绝，才可以了解客户真正的想法，处理拒绝是导入成交的最好时机，他的口头语是：没有挫败只有反馈。

在销售的过程中，你只有被拒绝多次，才能分辨出客户的精准需求，以及客户喜欢的沟通模式，语气语调，哪种感觉对路，甚至分辨出哪句话既能让客户说“是”，又有利于导向成交，然后再精准匹配。

销售是一个非常了不起的职业，能成功和谐有序地销售更是一种综合素质的表现，如果你能把销售做好，你会发现你能做好很多事，你的生活品质也能提升，这比一份普通的打工工作要丰富精彩有价值 N 倍。

从这里来看，销售的过程，又是一个学习与人打交道的过程，要先向客户学习，接纳客户的观点、语言、习惯、爱好等，以此创造与客户沟通的机会，并逐步获得客户的信任，然后再沿着共同认可的方向带动引导客户跟着我们的观念走，这个过程和玩游戏一样，既好玩又能长智慧，特别是在双方达成共识签单的那一瞬间，你会感觉到工作的无限乐趣。

实际上，不仅是我们的销售工作，需要一次次被拒绝，我们的人生要想精彩甚至逆袭，更是建立在一次又一次的被拒绝上的。

在销售过程中，遭到拒绝是司空见惯的，被客户拒绝不一定是坏事，正确面对这些拒绝，想方设法让客户说出自己拒绝的理由，然后才能找出合适的解决方法，最终促成交易。

销售员在面对客户的拒绝时，一定要设法让客户说出拒绝背后真正的理由。如果你只是一味地阻止客户提出拒绝理由，就会引起客户更大的不满。所以，对于客户的这种正常表现，销售员不仅不能阻止，还要想办法加以引导，从他们提出的拒绝理由入手寻找其他说服他们的理由。

面对拒绝时，你正确的表现应如表 2-1 所示。

表 2-1　应对客户拒绝的方法

| | | |
|---|---|---|
| 1 | 积极看待客户的拒绝 | 客户拒绝你的销售是一种完全正常的反应，客户提出的拒绝方式有很多种，而在种种拒绝方式的背后，其实又隐藏着各种各样的原因：有的客户对推销活动本身有一种抵触心理，所以自然而然地存在一种防范心理；有的客户对某些产品或服务存有偏见；有的客户或许跟推销员有过糟糕的合作，才让他们对所有的推销员有了偏见。要想走进客户的心，需要你先了解客户不愿意购买的原因，从中找出正确的解决方法，这也是与客户建立良好沟通关系、促成交易的关键所在 |
| 2 | 客户自然防范而拒绝你时 | 不仅仅是客户，任何人面对陌生人都会有防范心理，特别是我们在与客户沟通时，当我们渐渐占了上风，客户会感到有心理压力。这时，客户会排斥我们说的话。假如你此时再让客户花钱买你介绍的产品，自然会吓跑他们。所以，当你看到客户对你有防范时，你就该适可而止，改变你的推销策略。好的方式是，你此时不要过多地谈论你的产品，而是放低姿态，用轻松的语气和话题减少客户的紧张感。最好拿出一些实证来换取客户的信任，如同行刺激。当客户获得了实证并放松了心情后，防范心理自然就会消除了 |
| 3 | 客户只想用借口拒绝你时 | 当客户用一些不便明说的理由拒绝你时，你最好不要刨根问底，而是采用另一种方式，如你可以对客户说："假如您担心效果问题，那您尽管放心，我们有专业的客服顾问，能够 24 小时为您提供高效服务。""您的顾虑我可以理解，不过我想您在意的或许是其他问题吧。"这种软性的迂回战术有时会突破客户的防线，会让客户主动说出真正的想法 |
| 4 | 客户出于主观原因拒绝 | 当客户出于一些主观原因而拒绝你的产品时，如他们说："我个人不喜欢这种款式的商品。"面对客户主观色彩浓厚的拒绝理由，你要冷静地对待，耐心地等待客户发泄完后，你再用真诚和热情的话来引导客户进入愉快的沟通氛围中。在说话时，你要对客户的问题耐心地解答。当客户看到你的宽容后，也不会再斤斤计较了 |
| 5 | 客户因客观依据拒绝 | 有的客户有足够的冷静和理智，他们拒绝的理由也很充分。此时，你要实事求是地对待客户提出的问题，可以这样对客户说："一听就知道您是这方面的专家，针对您提出的意见，我们一定会给予足够的重视。但是，不知道您有没有注意到，我们在另一方面……"先肯定客户的意见，对客户表示感谢，再想办法把客户的注意力转移到产品的其他优势上，引导客户购买 |

## 4. 不以签单论英雄，才能越挫越勇

有人说，销售是一种以结果论英雄的游戏，销售就是要成交。此话有一定的道理。但是，在成交以前，销售员要拥有“不以签单论英雄”的积极心态，这样才能越挫越勇，为你以后的成交打下坚实的基础。

曾国藩曾经说过，成功的首要条件就是要有越挫越勇的高情商。前面我们也讲过，情商高所具备的素质之一，就是要有坚强的意志力。

20 世纪最伟大的销售大师之一、美国人寿保险创始人、著名演讲家弗兰克·贝特格，就是一名越挫越勇的销售员。

弗兰克·贝特格最初踏入保险业，没有任何经验，单凭着一腔激情和执着的精神。

弗兰克·贝特格出身贫苦家庭。为了生计，他在 14 岁时就辍学给一名蒸汽管道工做助手。18 岁正式成为一名职业棒球选手。20 岁那年，他在与伊利诺伊州芝加哥小熊队比赛时，不幸导致肩膀和胳臂之间脱臼。这次事故严重影响了他在职业棒球道路上的发展，他忍痛放弃了热爱的棒球生涯。

贝特格在度过一段郁闷消沉的时光后，应聘到一家人寿保险公司做了一名人寿保险推销员。可以说，刚做寿险推销的 10 个月是他生命中

最黑暗、最漫长的时光，没有任何销售经验的他，每次外出推销都无一例外地空手而返。

在这没有任何收入的10个月，贝特格残存的最后一点自信被残酷的现实吞噬殆尽。他觉得自己再也坚持不下去了，于是贝特格每天的首要任务就是买来大量招聘类报纸翻找招聘信息。看到一则招聘船员的启事，他欣喜若狂，要去应聘时，他意识到自己无论做什么工作，内心总被一种莫名其妙的、复杂的情绪笼罩着，感觉到没有一点奋斗的信心。

没有激情，从事哪个行业都提不起精神来。左思右想后，他下定决心去听了一场戴尔·卡耐基先生所主持的演讲，此次听讲给了他信心，让他下定决心要改变自己的生活。于是，他留在了保险业。

他要把以前用于打棒球的激情，重新注入自己的推销事业上去，这个决定成为他生命的转折点。

重新振作起来的贝特格不再急于签单，而是积极地面对推销过程中遇到的一次又一次的失败，在每次失败后，他非但没有沉沦下去，反而是越挫越勇。每天都以饱满的热情面对客户。

一次，他在向客户推销时，客户面无表情，但他仍然热情地解说，让对方感受到他的激情与积极。在讲到关键的话题时，他激动地用拳头敲打桌子，开始他以为客户会大吃一惊并责怪他时，没料到客户看了他后，并没有说什么。贝特格抓住进一步面谈的机会继续发言，客户正襟危坐，睁大眼睛听他说话。在此期间，客户除了礼貌地提问题外，从不打断他的话。

经过一番耐心地解说，对方终于买下了他的保险。这位客户就是艾尔·爱默生——费城的一名粮食经销商，后来，他还成为贝特格的挚友。

有了第一单的成功，贝特格信心大增，状态最好时，他曾创下15

分钟签下25万美元保单的最短签单纪录，开创出人寿保险业的一片新天地，成为世人瞩目的骄子。

就这样，他在29岁时还是一名失败的保险销售员，但40岁时就已成为美国收入最高的销售员了。

贝特格的成功源于他不畏惧遭到拒绝的心态，或者说最开始的时候，他是畏惧困难的，后来则越挫越勇。

“世上无难事，只要肯登攀。”作为销售员，每天遭到客户的拒绝可以说是家常便饭，每当遭到拒绝时，有的愁眉不展，有的唉声叹气，有的不知所措，有的苦苦寻找对策，有的善于借力，有的过关斩将越挫越勇。面对挫折，每名销售员应对的方式不一样，收获自然也不一样。那些越挫越勇的销售员，就像一位英勇的斗士，用其乐观的态度感染客户，打动客户，最终让客户心甘情愿地与他们合作。

不以签单论英雄，在拒绝中越战越勇，是出色的销售员共同的特质。

我的助理赵刚，做销售第二个月就成功签单，他的窍门就是勤于总结。例如，他在遭到客户拒绝时，会在第一时间反省自己，同时，他每个月都会给自己下达任务，这样工作就有了更清晰的方向和强劲的动力。

入职一个月时，他屡次遭到客户的冷脸，眼看着其他同事都在签单，他心里很着急，但因为有目标，他能做到急中不慌。

他分析了自己手上的客户，发现客户意向级别都不高。没有准客户，想要达到自己的目标，只有把希望寄托在开发新客户和老客户转介绍上，所以他时时提醒自己：“我不能气馁，客户的拒绝说明我工作做得不到位，我必须继续努力，等我足够强大，客户自然会被我说服！”

就是这样的一种心理暗示，激励着他要更加努力。在第二个月下旬，他接待每一批客户都要比之前更认真、更投入。当时正是夏天，在接近40度的酷暑中，他带着客户去看产品，主动邀请客户参加公司的产品发布会，只为了给客户更好的体验，就是用这样积极的心态，努力付出，他在月底成功签了两个大单，也让很多客户成为未来的准客户，实现了自己的预期目标，这种喜悦与荣耀是用金钱无法衡量的。

一个人要成功，心态起决定性的作用。俗话说："良好的心态，是成功的一半。"只有具备良好的心态，你才能屡败屡战。销售员是勇敢者的职业，每天要面对各种各样的客户，失败的情形经常会有，你一定要内修心态、外练技能，做到敢于面对拒绝、战胜拒绝，并让自己与拒绝为友。

优秀的销售员与普通销售员不同的是不断地进行自我激励，不断地对自己说"我相信自己一定能成功！"只有积极努力地去争取所有能够让自己远离拒绝的机会，你才能不断积累成功经验，使之成为战胜拒绝的有效武器，从而成就自己辉煌的销售历程！

## 5. 时刻保持微笑，让客户愿意亲近你

微笑创造人际关系的和谐和快乐，建立人与人之间的好感。

爱笑的人，运气不会太差。此话是有一定的科学道理的，因为绝大多数人都喜欢与热情、开朗、爱笑的人打交道、交朋友。热情可以让人愉悦，开朗容易引起话题，笑容会使人产生信赖感，有了这三样自然就拉近了与陌生人之间的距离。一名销售员要想拥有更多的客户，就必须时刻保持真诚的微笑，这样客户才愿意亲近你。

世界500强企业沃尔玛要求员工对顾客始终保持微笑，甚至把细节量化到“微笑服务时要露八颗牙”。

在沃尔玛，营业员在距离顾客三米之外就会报以亲切的微笑，如果没有微笑，顾客便可以拿走营业员胸前的三元钱。微笑是无形资产、微笑是点睛之笔、微笑是最真最纯的体现，无可厚非。

沃尔玛在对顾客的“服务”上遵从三项基本原则：一是尊重个人原则：尊重和服务每一个顾客，并努力做到最好；二是三米法则：当顾客距离任何一名员工三米以内时，该员工一定要主动问候；三是夕阳西下原则：任何顾客或员工提出的要求都必须在夕阳西下前获得反馈。

山姆·沃尔顿说过，要做零售就要让自己看到每一件商品进出的财务记录和分析数据。所以，沃尔玛利用通信卫星服务每一个客户，并对

每一个商业数据进行认真记录、分析。在全球4000多家分店内，沃尔玛都安装了卫星接收器，顾客在任何一家店内交易时，他/她的年龄、住址、邮编、购物品牌、数量、规格、消费总额等数据都记录在案，并发送到企业信息动态分析系统。沃尔玛的配送中心管理、商品管理、财务管理、客户管理、员工服务组成了信息网络系统。

更加严格的是，沃尔玛非常注重公司内部的每一个“细节”，极力降低经营成本，以更大的优惠回报顾客。例如，当沃尔玛的员工想喝咖啡时，必须自觉地在旁边的储蓄罐里放进10美分。这就是沃尔玛的管理。

沃尔玛能够成为百年企业，与其打造优秀的销售员有很大的关系。去过沃尔玛的人都知道，沃尔玛的销售员带给人的感觉就是亲切热情，特别是那礼貌真诚的微笑，带给人一种信任和购物的欲望，觉得他们的商品和人一样值得信任。

作为销售员，当你微笑着迎接客户时，即使无心买你产品的客户，也会礼貌地拒绝；碰到有购买意向的客户，就会认真跟你沟通，这时你会清晰地看到微笑的价值。所以，无论你与客户是初次见面，还是交易达成过，或是已被客户拒绝，都应该保持微笑，给客户一个轻松的氛围。

美国著名成功学家戴尔·卡耐基说：“笑容能照亮所有看到它的人，它像穿过乌云的太阳，带给人们温暖。”在日常生活中，笑容时常可以见到，各种各样的笑你都见过，但微笑是世界上最美的行动语言。微笑虽然无声，但最能打动人，它能瞬间拉近人与人之间的心理距离。

古人说“和气生财”。也就是说，如果一个人有了一个阳光灿烂的心境，定然会给你带来良好的人脉，有了人脉、人气，自然也就有了财气。假如你对客户不能积极应对，而是横眉冷对，客户只能是远远地躲开你。

销售是服务行业。服务细节决定着营销成败。如果把所有的服务细节比作一条龙，那么微笑就是这条龙的眼睛。画龙重在点睛。只有一条龙的服务，才能感动客户、留住客户，最终创造自己的最佳营销成果。

微笑服务是服务员为顾客提供的一种主动、热情的服务，应当贯穿在对顾客的服务中，在为顾客服务的细小情节中表现出来。

俗话说：距离产生美感。我们也要把握好这个度，销售员应把握好服务中“冷”和“热”的尺度，做到热中有冷又不失彬彬有礼，以专注做事为理由，技巧性地与顾客少谈或不谈，必要时暂时离开以避免不必要的麻烦和冲突，给顾客一个私人空间。

微笑服务的同时还要注意保持适当的“距离”，这是销售员在服务中要遵循的原则。一切视顾客的需要服务，一招手，一开口，马上到位，做到亲切自然，落落大方，这样才会给顾客如沐春风的感觉。

笑容，是最能表现人的内心活动的一种表情。不同的笑表达着不同的心态和感情，传递着不同的信息。使我们与客户之间彼此缩短心理距离，并能创造出交流和沟通的良好氛围的，莫过于亲切、温馨的微笑。微笑是我们呈现给客户的最美的表情。

微笑是内心愉快、真诚的外露，是善良、友好、喜欢、赞美的象征。它和眼神一样是一种无声的语言，在与客户交往中起到“润滑剂”的作用。一个适度的微笑，亲切的眼神，再配以优雅的举止，对于表达自己的主张，争取客户的合作，会起到积极的作用。所以，要想让微笑达到你需要的效果，需要做到以下四点。

## 微笑要发自内心

轻松友善的微笑，自然、美好。虚假造作的微笑只能令人反感。例如，在一些商场或是专卖店，有的销售员在顾客消费时就面露微笑，如果顾客只是看看就会立即拉下脸来，这种微笑是虚伪的表现。另外，笑容要与所处环境相协调，该微笑的时候心情不好也要笑。每天上班前要调整好自己的情绪，把烦恼、不快留在家里，把欢乐、愉快留给顾客。

你的微笑所展现出的亲和力会让客户在不知不觉中产生购买行为，可以想象，如果客户带着钱去挑选产品时，面对销售员那张苦瓜脸，自然就没有了购买的欲望。所以，你的微笑要发自内心，自然、不做作，才会让客户感到亲切、得体。不要为了笑而笑，那样只会适得其反。

## 微笑要带有温暖

带有温度的微笑是真诚的。客户不傻，你的微笑真诚不真诚，是很容易被辨别的。不要小看了一个人的直觉，真诚与否，客户是感觉得到的。真诚的微笑带给人温暖，容易引起共鸣，消除客户的戒心。

## 微笑要分不同的场合

要记住，微笑并不适宜各种场合。如果场合不对，会让人心生不满。例如，你与客户谈论的是一个十分严肃的话题，此时微笑就不合时宜。再如，你的谈话让客户有些不高兴，此时也不应微笑。可见，微笑是要分场合的。

## 微笑要把握好分寸

微笑主要传达的是一种礼仪与尊重，虽然说要保持微笑，但也并非时时微笑。微笑要运用得恰到好处。当客户看向你时，你应直视并点头微笑；当客户在谈论自己的意见时，你一边认真倾听一边不时微笑。如果尺度没有把握好，过于放肆，没有节制，那样会引起客户的反感。

## 6. 不急于求成，找到建立自信心的方法

在拜访客户时，很多销售员都会在客户门前犹豫再三不敢敲门，好不容易鼓起勇气进了门，又紧张得把想好的话忘记了，结果被客户三言两语就打发出来了。还有的销售员不敢给客户打电话，就是打了电话，说话又快又不清楚，客户一拒绝就几天不敢再打电话。时间一长就怀疑自己不适合做销售员。

其实，在客户面前没有自信，不仅局限于初入销售行业的销售员，一些优秀的销售员也有过类似的经历，只不过他们知道建立自己的自信心。

郑良是一个下岗职工，有半年时间找不到工作。后来，一位朋友介绍他到一家私营企业做销售员。

他去应聘时，老板看他紧张得连话都不敢说，就想三言两语地打发他离开。他情急之下，说自己身上的钱花光了，连饭都没得吃了，如果他得不到这份工作就要露宿街头了。老板一听，心软了，就留下了他，但没有让他做销售，而是让他发宣传单。

半个月后，他就找到老板谈话，说想做销售员。老板对他说："你做不了，你看你连话都不敢说。我让你发传单，起码底薪不算低。如果做销售员，只是提成高，你做不好，一个月又白做了。"但他的态度很

坚决，老板只得让他试试。

没想到，第一月他的销售业绩在20多名销售员中最好。老板经过了解才知道，他在发传单的时候，因为经常跟着老销售员去谈业务，得到了锻炼，胆子变大了。加上他善于总结，他总结的经验是，要对自己有信心，对自己所销售的产品有信心。人一旦有了信心，在客户面前就不会急于求成，谈吐也会比较自然，就会深受客户欢迎。所以，他在跟客户沟通时是轻车熟路。

自信是成功的基础。一个想要获得成功的人必须对自己有信心，同样，一名销售员想要取得好业绩，就必须有自信。

拥有自信对于销售是非常重要的，作为销售员，只有充满自信地应对顾客，才能使顾客通过你自信的表现对你产生信服，这样更加有利于销售。我们销售的任何一款产品都不是完美的，如果顾客抓住了产品的缺点，对你采取语言攻击，这时你若不自信，就会乱了阵脚，导致自己不能和顾客好好沟通。但如果有时候顾客是试探性的“攻击”，你的挫败感对自己是有害无利的。所以销售员一定要时刻保持自信。

记得我第一次跟客户谈业务时，用了两个多小时才把产品的功能、型号背得滚瓜烂熟，在头脑里反复想着如何开头，如何在最短的时间内把产品介绍清楚，由于我做好了充分的准备，自信心也大增。所以见到客户后，心里一点儿不紧张，很顺利地就谈好了业务。

俗话说，艺高胆大。做销售员必须具有较强的专业知识，当你跟客户交谈时，才会胸有成竹。如果你没有自信心，就不要急于去见客户或打电话，而是要静下心来熟悉产品，想好要和客户谈什么、怎么谈。当你自己可以回答这些问题后，再开始拜访客户或打电话。

有的销售员不能听客户的反面意见，一听到客户说产品不好价格太高，他就怀疑自己做错了产品，就会向经理反映，是不是降低产品价格等，这些都反映出销售员不自信。所以，为了做好销售工作，一定要培养自己的自信心。

## 正确认识自己并相信自己

要相信自己，在工作中认真体会自己取得的成就，对自己有信心。当然，一定要注意，自信不等于自傲，人如果一自傲，就会看不清自己，从而陷入骄傲自满中，不思进取。

## 对自己从事的职业有信心

对自己的职业有信心。销售员一定要对这个行业有一个正确的认识，有一个理性的看法，更要充满信心。这样才能使自己的精神状态始终保持良好，以更好的心态去应对工作中的每一个问题。

## 相信自己所在的公司

公司是我们强大的后盾和精神支柱，你要足够相信自己的公司。要对自己的公司有信心，相信在自己和同事的努力下，公司会发展得越来越好。

## 对自己销售的产品有信心

对销售的产品有信心。在销售中，你要相信自己的产品即便不是最好的，但一定是质量有保证的。因为如果你对产品没有信心，你肯定在销售过程中没有信心。在销售的过程中，一定要少用绝对词，如最好、独一无二、绝对没问题等比较主观的用语。当客户贬低你的产品时，你要有一个正确的心态，但不要使用绝对词，这样客户就不会抓住你的把柄来羞辱你。所以，对自己产品的信任很重要，是你销售信心的保证。总之，一定要相信自己销售的产品是同类中最好的，值得客户拥有。

## 见客户前做好充分的准备

充分的准备是自信的基础。自信的产生不是毫无理由的，是建立在充分的准备基础之上的，在面对客户进行销售之前，你应该做好充分的准备。所谓准备，包括充实自己的专业知识、训练自己的口才等。

## 拥有平等互利的心态

心态要不卑不亢，平等互利。语气要热情大方。在销售过程中，语言一定不要拖泥带水，要简洁明了。例如，“××经理，您好！我是××公司的销售员小张，我公司的产品是××，就合作事宜和您洽谈。”我要求公司的每一个销售员在业务开始时，都说同样的话。这就是标准化。在谈业务时，如果你有平等互利的心态，就是被拒绝，也不会很伤心。因为对方也失去了一次好的合作机会。

## 在失败中冷静分析自己

面对失败，要寻找原因。即使是成功的销售员，也不可能每次都把产品卖出去。他总会有失败的时候，面对这种失败，不必灰心丧气、一蹶不振，重要的是要冷静地分析自己错在哪里，为什么错了，找到失败的原因，下次不要再犯。时间一长，就会慢慢建立起一种自信心态。

第3章

# 沟通有道，营造吸引客户的谈话氛围

1. 给客户良好的第一印象
2. 把客户的名字刻在心里
3. 说话用心，让客户感觉到你的热情
4. 选择客户感兴趣的话题
5. 和客户多说“我们”少说“我”
6. 运用幽默，避免冷场时的尴尬

## 1. 给客户良好的第一印象

心理学家研究表明：在人际交往过程中，第一时间留下的印象非常重要，与一个人初次会面，45 秒钟内就能产生第一印象。这种最初的印象对他人的知觉产生较强的影响，并且在对方的头脑中形成并占据着主导地位。的确，在生活中，我们每个人都不知不觉地对“第一”有特殊的感情，并会对“第一”情有独钟。

因为人与人第一次交往过程中给人留下的印象，在对方的头脑中形成并占据着主导地位，这种效应即为第一印象效应。对销售员而言，很多时候在一个不经意的瞬间，也许客户的心里就有了对销售员的第一印象判断。如果销售员给客户留下了不好的第一印象，那么后续的交流是非常难以进行下去的。

顾强是一家房地产公司的销售员，一向不注重外表的他在穿着上很随便，他的同事都是西装革履，而他经常是穿着一件 T 恤衫就去上班。为此，主管多次向他提建议：“你长得挺精神的，我们的工作经常需要见客户，你为什么不穿职业装？让客户看了也觉得舒服。”顾强不以为意地说：“我觉得做咱们这行注重的是能力，要能说会道，这跟穿什么衣服没啥关系。”

主管听了，无奈地摇摇头。

一个周末，顾强和一位同事加班，要接待几位有意向的客户。跟他一起接待的同事问："你还是换件衣服吧，我们今天要见的是陌生的客户，你这样会让客户不习惯的。"

顾强笑道："客户如果需要买房子，他的关注点就在询问房子上，跟我这穿着可没有关系；如果客户不需要，我穿得再帅，客户也不会买呀，我又不是房子，他看上的又不是我！"

同事看到顾强很固执，只好说："那我们分工吧，一共六位客户，你接待上午来的三位，我接待下午来的三位。"

顾强痛快地答应了。

第二天上午，顾强还是跟往常一样，穿着掉色的体恤，头发也没打理。约定的时间到了，第一位客户来了，客户看到顾强后，等顾强开口介绍完，就说自己再考虑考虑，然后转身离开。这个结果是顾强料到的，倒也无所谓，但接下来的两位客户，其中一个客户只听他说了一句话，就婉言谢绝了，这让顾强感到现在的客户越来越难缠了。

临近中午，顾强等来了自己的最后一位客户，然而，这个更不靠谱，不等顾强说话，就直接说不买，只是带孩子来这里逛着玩的。顾强看对方是一位中年女性，还带着一个十五六岁的女孩，心里觉得奇怪，这里这么偏僻，有什么好逛的。

中午，顾强到公司附近的小餐馆吃饭时，无意中听到邻桌一位女士打电话说："老公，你可别提看什么房了，今天我和孩子见到的那个售楼的男的，天呀，我一看就不是什么好人，大周末的，难不成是骗子在冒充？咱还是到别的楼盘看看吧。你别不信，等回家问问咱家闺女吧。"

顾强听着声音熟悉，回头一看，发现正是他上午接待的最后一位客户。他感到脸上火辣辣的，自尊心受到了严重伤害。

下午下班时跟同事碰头，同事喜滋滋地告诉他："我下午接待的三位客户，一个交了定金，另外两个把我推荐的楼盘资料带回家了，下周答复我。”

顾强一惊，此时他才重视起自己的仪表来。回到家后，他第一次有意识地照了镜子，第一次认真地看到了镜子中那个邋遢的自己……耳边又想起中午女客户的话，他决定改变自己的形象。从那以后，他和同事们一样穿西装、打领带，每天精神抖擞地出现在客户面前。

一段时间以后，干净、利落的顾强，成功地签了好几个订单。

从事销售这一行业，要想给客户留下良好的第一印象，一定要注意自己的形象，因为客户对你的印象好坏，直接决定了你们之间是否可能做成生意，只有被人认可的形象才能令人产生较多的好感和信任感。因为在客户心里，你的基本形象就是名片，他们没有兴趣对你进行深入的了解，所以，容易以貌取人。一旦你形象不佳，就会造成一些可能存在的误会，但业务员却已经没有任何辩解的余地了。

有经验的销售员与客户初次见面的时候，都比较注意在客户心中的形象，即便是无法让对方对你有一个完美的评价，起码不能是负面的。

销售员在与客户的交流中，负面的印象会让对方始终用带有偏见的眼神看你，尤其是一些主观性的客户，当他们对你印象不好的时候，你说的一切他们都是厌烦的。

由此可见，在销售活动中，销售员给客户留下的第一印象非常重要。可以说，它是接洽的开始，在很大程度上影响着客户以后对你的看法及信任程度，也决定着交易能否成功。

销售员应该记住这样一句话“形象就是名片”。心理学中有一种效应叫作“首因效应”，即第一次交往中给人留下的印象在对方的头脑中形成并占据着主导地位，也就是我们常常说的“第一印象”最重要。第一次见面给对方的印象会根深蒂固地留在对方的脑海里，如果你穿着得体，举止优雅，言语礼貌，对方就会心生好感，认为你是个有修养、懂礼仪的人，从而愿意和你交往；如果你服饰怪异、态度傲慢、言语粗俗，对方就会认为你是个没有修养、不求上进的家伙，从而心生厌恶，不愿意和你接触，即使你下次改正了，也难以重获对方的好感，这就是首因效应的作用。

除此以外，销售员在跟客户见面时，还要注意在细节上下功夫。

销售员宋勇浓眉大眼，外形魁梧，身高约 1.80 米，是标准的帅哥，加上他谈吐优雅，深得客户的喜爱。但是在第一次拜见客户时，他却吃了一个闭门羹。

当时，宋勇见的客户身高 1.60 米左右。见面时两人的距离又很近，尽管宋勇尽全力介绍自己的产品，试图转移客户的视线，唤起客户的兴趣，但是客户的面部表情却很难看，甚至不自觉地向后退。最终，客户没等他讲完就把他请了出去。

宋勇感到不解，就向领导询问其中的缘由。领导听他讲解了当时的情况以后，说道："你感觉你的身高是优势吗？在和客户谈判的时候，你的身高让客户感觉很压抑，所以他根本没心思听你说话。我猜他当时恨不得马上离开你。记住，以后与客户谈生意时，你要考虑到身高差距这一细节，掌握好谈话的适当距离。"

销售是一门高深的学问，体现的是销售员的综合素质。常言道，细节决定成败，销售员在跟客户初次见面时，一定要把各种细节做到位。

因为销售员留给客户的第一印象，不只是包括相貌、服装等个人形象，还可能是销售员给客户的资料，也可能是电话中销售员的声音和语气。所以，无论以哪种形式与客户接触，销售员都要打起 100%的精神，努力让客户"喜欢或信任"你。

由于注重合作的客户认为，销售员的形象往往代表了其所属公司的产品服务质量和合作态度，这才让他们十分在意第一次见面时销售员的谈吐、衣着、气质等。所以，销售员要想在初次见面给客户留下好印象，就要做到以下几点。

## 得体的衣着打扮

客户和我们第一次见面，并不了解我们，所以，他们首先接触到的信息，就是我们的外表，而印象最深刻的是在最初的30秒。所以我们要为这精彩的30秒去做充分的准备。我们的衣着要得体大方，我们的头发要洗得干净，我们的皮鞋要擦得很亮。

需要提醒的是，得体的衣着是指服饰整洁得体，穿着与自己销售的产品和公司的形象相符。一般来说，与客户面谈时，男士着深色的正装是合适的，而女士着职业套装是恰当的。

## 亲切自然的面部表情

在第一次与客户面谈时，如果销售员很客套，就会造成紧张气氛，而紧张的气氛往往无助于业务的达成，亲切自然的面部表情需要配合有温度的微笑，这样可以让客户对你一见如故，能有效地缓解气氛。谨记微笑时要大方得体、不做作，更不能用手捂嘴大笑。而是在需要笑时亲切地笑，一定要配合自己讲的话，力求达到亲切、自然。

## 恰如其分的身体语言

一位心理学家曾指出：无声语言显示的意义要比有声语言多得多，而且深刻。他还列出了公式：信息的传递 = 7%的言语 + 38%的语音 +

55%的表情。所以，我们要微笑，充满热情，握手要有恰当的力度等，都能迅速传递我们的友好和真诚。

给客户留下良好的印象，身体语言很重要。身体语言包括握手、目光接触、微笑、交换名片等。例如，合适的握手姿势应是伸出一只手掌，力度要适中；与客户面谈时，目光不要到处游离，闪烁不定。

## 拜访前做好必要的准备工作

拜访重要客户之前，首先，一定要充分地收集客户的资料，越多越好。如果你连客户最基本的信息，如年龄、性别、爱好、性格等都一无所知，我想你第一次拜访一定是不成功的。其次，我们要把事先给客户的印象设计出来，你希望在客户心中留下什么印象？你希望客户如何评价你？我们在潜意识中要不断地训练，尽量让自己成为在客户心中应该出现的那种美好印象，直到我们把这种美好印象变成现实。

## 掌握好递送名片的礼节

面带微笑，注视对方，展示出自己的自信，将名片的正面对着对方。这是要站在对方的角度看的，递送名片时，名片的正面的正方向如果是对着自己的，就是不礼貌的行为。递送时应该要说一些客气话。这是中国礼节上的要求，中国礼节上都存在相互恭维的习惯，这个在递送名片时也很重要。

## 热情地尊称对方

在交谈过程中要真诚地赞美对方，每个人都喜欢听好听的话，这是人性的特点。赞美要真诚，不可虚情假意。同时，谈话中要热情地、多次地称呼对方，如马院长、杨老师、张科长等，这样显得你非常敬重对方，更能拉近双方距离。

## 选择合适的时间拜访

首先，如果是预约拜访，那一定不能迟到；其次，我们要选择合适的时间拜访，如果在客户很忙的时候拜访，效果会大打折扣；最后，就算是我们和客户一见如故，谈得很投机，也不能谈得太久，最好控制在20分钟内，要在谈得最开心的时候离开，给下一次拜访创造机会。

总之，第一次与客户见面的时候，一切不能是装出来的，而要由心而发，把你的内在美全部展示出来。当你意识到，推销的成功在很大程度上取决于客户对你的第一印象时，你便可能设计出最佳形象。

## 2. 把客户的名字刻在心里

在任何语言环境中，对任何一个人而言，最动听、最重要的字眼就是他的名字。戴尔·卡耐基说："一种最简单但又最重要的获取别人好感的方法，就是牢记他或她的名字。"在销售过程中也是这样。谁都喜欢被别人叫出自己的名字，所以不管客户是什么样的身份，与你关系如何，你都要努力地将他们的容貌与名字牢牢记住，这会使你的推销畅通无阻。

我们小区周边有很多便利店，但我发现，在这么多便利店中，只有一家顾客盈门、生意很兴隆，其他几家便利店轮流着关门，不断地更换着新店主。

我觉得很奇怪。

一天晚上，我去买燃气灶的电池，接连问了几家，都说没有。然后就去了那家生意好的小店。店主人是一位中年人，他店中恰好也没有了，就问了我的名字，让我第二天一早来买电池，说是不耽误我做早饭。

恰好我第二天要出差一周，出差回家时正好是下午，我路过小店时，店主就喊出了我的名字，让我去拿电池。我很惊喜地说："你记性真好，这么长时间了还记得我的名字。"

他笑着告诉我，凡是去他店里购物的顾客，不管买或不买东西，他都会跟大家闲聊，从而知道了顾客的姓名，等顾客再次到他店里购物时，他总是热情地叫着他们的名字，或聊聊天、拉拉家常，就像朋友一样，把彼此的距离拉得很近。

听他说话，我感到特别亲切，像久别的朋友一般，让我旅途的疲惫顿时烟消云散。以后我每次路过小店，总喜欢去里面转转，买些日用品，顺带跟他说说话。

此时我终于明白了他生意好的秘诀，他只是记住了每个光顾小店的顾客的姓名而已。

马斯洛需求层次理论认为，人们最高的需求是得到社会的尊重。自己的名字被他人所知晓就是对这种需求的一种很好的满足。每个人关心的都是自己，每个人都希望被别人重视。客户也不例外，也希望自己被重视起来，如果销售员能够在短时间内记住自己服务的客户名字，让客户对企业有个好印象，就能促进成功签单。

对不同的工作人员重复自己的名字和每个工作人员都能准确地称呼自己的名字，这两种情况的客户体验是有天壤之别的。记住客户的名字，并能轻易叫出，就对客户有了巧妙且有效的恭维，客户也会产生一种被他人重视的极度满足感。被满足的客户不仅会愿意买企业的产品或服务，而且愿意重复性地购买，甚至主动向身边的亲人、朋友、同事等推荐企业的产品或服务。而要达成这样的效果，只需要用一种最简单的方法：记住客户的名字，并亲切地称呼出来。

让每个工作人员记住客户的姓名不是一件容易的事情，但是我们可以借助管理客户关系的好工具——客户关系管理系统来实现。CRM 系统可以帮助企业管理跟进客户的整个销售流程，提高客户的满意度，这样不管与客户打交道的是哪个部门，都能用最快的速度了解到客户的详细信息，不仅可以让员工轻轻松松地记住客户的姓名，还能了解跟进过程中出现的问题，用更个性化的服务打动客户，促进成功销售。如果你一开始就叫错了客户的名字，那接下来势必无法谈下去。

一名业务员急匆匆地走进一家公司，找到经理室敲门后进屋。“您好，罗杰先生，我叫约翰，是公司的推销员。”

“约翰先生，你找错人了吧。我是史密斯，不是罗杰！”

“噢，真对不起，我可能记错了。我想向您介绍一下我们公司新推出的彩色打印机。”

“我们现在还用不着彩色打印机。”

“是这样。不过，我们有别的型号的打印机。这是产品资料。”约翰将印刷品放在桌上，“这些请您看一下，有关介绍很详细的。”

“抱歉，我对这些不感兴趣。”史密斯说完，双手一摊，示意走人。

准确地记住客户的名字在推销中具有至关重要的作用，这种推销技巧被人们叫作“记名推销法则”。美国最杰出的推销员乔·吉拉德就能够准确无误地叫出每一位顾客的名字。即使你是一位五年没有见过乔·吉拉德的顾客，只要踏进乔·吉拉德的门槛，他也会让你觉得你们是昨天才分手，并且他还非常挂念你。他这样做会让这个人感觉自己很重要，觉得自己很了不起。如果你能让某人觉得自己了不起，他就会满足你的所有需求。

记住别人的名字是非常重要的事，忘记别人的名字简直是不能容忍的无礼。因为能够热情地叫出对方的名字，从某种程度上表现了对他的重视和尊重，而好感就由此产生。

如果你还没有学会这一点，那么从现在开始，留心记住别人的名字和面孔，用眼睛认真看，用心去记，不要敷衍了事。

要牢记客户的名字，准确称呼客户，可参考下面四种方法。

## 用心听记

把准确记住客户的姓名和职务当成一件非常重要的事，每当认识新客户时，一方面要用心注意听，另一方面要牢牢记住。若听不清对方的大名，可以再问一次："您能再重复一遍吗?"如果还不确定，那就再来一遍："不好意思，您能告诉我如何拼写吗?"切记！每一个人对自己名字的重视程度绝对超出你的想象，客户更是如此！记错了客户名字和职务的业务员，很少能获得客户的好感。

### 不断重复，加强记忆

在很多情况下，当客户告诉你他的名字后，不超过10分钟就被忘掉了。这个时候，如果能多重复几遍，才会记得更牢。因此，在与客户初次谈话中，应多叫几次对方的名字。如果对方的姓名或职务少见或奇特，不妨请教其写法与取名的原委，这样更能加深印象。

### 用笔辅助记忆

在取得客户的名片之后，必须把他的特征、爱好、专长、生日等写在名片背后，以帮助记忆。若能配合照片另制资料卡则更好。不要一味地依赖自己的记忆力，万一出错，则得不偿失。

### 运用有趣的联想

对于客户的称呼，如果能利用其特征、个性及名字的谐音产生联想，也是一个帮助记忆的好方法。

## 3. 说话用心，让客户感觉到你的热情

相信我们很多人有过这种遭遇，当你兴高采烈地去一家店里买东西时，一进门看到销售员拉着一张脸看你，你的心情一定会一落千丈，别说买东西了，连话也不想跟对方说就离开了。所以，不管你是一个商场、超市的销售员，还是对固定客户服务的销售员，或是四处奔波的业务员，你要想获得客户的好感，就必须保持热情，热情才是你创造交易的关键心态。

心理学研究显示，热情产生动力，动力决定一件事的结果。在销售过程中，特别是在跟客户讲话的时候，绝对要热情，这也是成功的基本要素之一。热情最能够感化他人的心灵，会使人感到亲切和自然，能够缩短你和顾客之间的距离。

如果缺乏热情，你的工作就会像缩水的蔬菜一样，毫无生气和新鲜可言。这个世界上没有谁能够拒绝一个热情的人。热情是世界上最具感染力的一种感情。有关部门研究得知，产品知识在成功销售的案例中只占5%，而热情的态度却能占到95%。自己满怀热情，才能更好地完成任务。

让客户感受到你的热情的最有效途径就是：说话时要用心。

梅涵是超市化妆品专卖柜的导购，她平时对每位客户都非常热情。

她的热情表现在跟客户沟通时见机行事，不管什么性格的客户，她都会用她的热情问话，让客户感受到温暖。

一天上午，一个年轻漂亮的女孩气冲冲地来到柜台前，盯着护肤品看。梅涵习惯性地问好：“您好，您想买哪个牌子的护肤品？”

“我就是想看看，不可以吗？”女孩冷冰冰地说完，就径直朝前走去。梅涵非但不生气，反而为女孩着想：“看这个女孩一脸心事，想必是生活中遇到了糟心的事情。女孩不快乐就逛街，我看她心中的气还没消，不如热情些，让她消消气。”

梅涵想到这里，就跟过去，看到女孩在低头看一瓶保湿水，就亲切地说：“这是公司升级版的保湿嫩白柔肤水，买过的顾客都说不错，不过我看您皮肤很好，这款虽然不错，也不能贸然使用，我可以帮您在手背上试试。”

或许是女孩被梅涵的热情打动了，她不好意思地说道：“您真好，我今天跟男朋友闹别扭了，就想出来散散心，顺便花点钱随便买点东西气气他。可刚才他给我发微信，我才发现自己误会了他。可又不想向他道歉。”

“姑娘，两个人在一起要珍惜。不过，咱不向他道歉。”梅涵说着带她来到男士专卖柜，“来，给他买件礼物，告诉您，您今天算是来对了，这里的商品都打八折了。您看看有没有实用的，帮男朋友买一款。不过，尽量不要买太贵的，大老爷们的脸，擦点不干就可以了。”

女孩一听扑哧笑了，她说：“好，您说得对，麻烦您帮我挑一款吧。”

最后的结果是，女孩拿着梅涵帮她挑选的护肤品，高兴地向梅涵告别。

有人说，没有热情就没有销售。作为销售员，一定不要吝啬对客户的热情，因为任何人都不好意思拒绝一个热情似火的人，特别是当你用心地对别人说好话时，当你在对方有困难给予适时的帮助时，对方一定会被你感动。所以说，热情的销售员更能赢得顾客的好感和认可。

把客户当作朋友，能让你在不断地与客户建立牢固的友谊时，还会有更广泛的人际关系，那时离成功也就不远了。

汽车推销大王乔·吉拉德总是设法让每一位光顾他生意的顾客感到他们似乎昨天刚见过面。“哎呀，比尔，好久不见，你都躲到哪里去了？”乔·吉拉德微笑着，热情地招呼一位走进展销区的顾客。

“嗯，你看，我现在才来买你的车。”比尔抱歉地说。“难道你不买车，就不愿顺道进来看看，打声招呼？我还以为我们是朋友呢。”“是啊，我一直把你当朋友，乔。”“你每天上下班都经过我的展销区，比尔，从现在起，我邀请你每天都进来坐坐，哪怕是一小会儿也好。现在请你跟我到办公室去，告诉我你最近都在忙什么。”

当一位满身尘土、头戴安全帽的顾客走进来时，乔·吉拉德就会说：“嗨，你一定是在建筑业工作吧。”很多人都喜欢谈论自己，于是乔·吉拉德尽量让他无拘无束地打开话匣子。“你说得对。”他回答道。“那你负责什么？钢材还是混凝土？”乔·吉拉德又提了一个问题想让他谈下去。

一次，当乔·吉拉德问一位顾客做什么工作时，对方回答说：“我在一家螺丝机械厂上班。”“噢，那很棒，那你每天都在做什么？”“生产螺丝钉。”“真的吗？我还从来没有见过螺丝钉是怎么造出来的呢。方便的话我真想上你们那儿去看看，欢迎吗？”乔·吉拉德只想让对方知道自己是多么重视他的工作。或许在这之前，从未有谁怀着浓厚的兴趣问过他这些问题。相反，一个糟糕的汽车推销员可能嘲弄他说：“你在生产螺丝钉？你大概把自己也拧坏了吧，瞧你那身皱巴巴的脏衣服。”

乔·吉拉德特意去工厂拜访这位顾客的时候，看得出对方真是喜出望外。他把乔·吉拉德介绍给年轻的工友们，并且自豪地说：“我就是从这位先生那儿买的车。”乔·吉拉德趁机送给每人一张名片。正是通过这种策略，他做成了更多的生意。

热情地对待每一位客户说起来很容易，可是做起来却很难。销售员每天面对那么多人，况且人的情绪也有阴晴不定的时候。抓住每一位客户的心很难，但是只要你尊重你的每一位客户，就会有机会抓住尽可能多的客户。美国学识最渊博的哲学家约翰·杜威说：“人类心中最深远的驱策力就是希望具有重要性。”每一个人来到世界上都有被重视、被关怀、被肯定的渴望，当你满足了他的要求后，他就会在被你重视的那一方面焕发出巨大的热情，并成为你的朋友。

## 4. 选择客户感兴趣的话题

在日常生活中，我们与朋友能够友好地相处，大多是因为有共同话题。当我们与客户沟通时，拥有共同的话题同样重要。

然而，我们在销售过程中，却经常会犯一种错误，一见到客户，就口若悬河地讲我们要销售的产品。这就好比我们去相亲，看到一个心仪的姑娘，上去就对她说“我爱你”一样。相信你这么一说，脾气暴躁的姑娘“啪”一个巴掌就过去了，嘴上还说着“神经病”；脾气好点儿有修养的一声不吭转身离开已经是给你面子了。所以说，跟客户沟通，一定要选择对方感兴趣的话题。

只有跟客户聊他们感兴趣的话题，才能够让谈话的气氛充满生机，使客户感觉找到了知音。一旦客户对你产生了亲近感，你再谈销售的事情不就容易了吗？

董浩是一家少儿英语培训班的业务员。

一提到少儿英语培训班，很多人可能很快就会联想到那些在大街上发宣传单、散名片，令你唯恐避之不及的人。

但董浩可不是这一类人。

董浩在向一位家里有9岁孩子的母亲做类似的销售时，她是这么做的：

这位母亲是一位舞蹈老师，每天上午有课，中午休息后去学校接孩子。

当董浩走进这位母亲的办公室通过交谈才发现，她之所以排斥孩子进英语培训班学习，是因为她的孩子以前报的培训班让她非常不满意，她认为那个拉她孩子进入培训班的推销员服务不到位，而且孩子学得也不是很理想。

董浩在得知这些情况后，决定把培训班最近的学习情况介绍一下。然而，这位母亲根本不给董浩机会，连声催促董浩离开。正在这时，这位母亲接到一个电话，董浩无意中听到她下学期要办一期成人舞蹈培训班。

等这位母亲的电话结束后，董浩就向她请教："打扰您一下，我向您请教一个问题，成人如何学好舞蹈？"

"你也对舞蹈感兴趣？"这位母亲惊喜地看着董浩，问道。

"不瞒您说，我小时候就喜欢舞蹈，可惜没学过。"董浩做了一个鬼脸，"成人还能学会吗？"

"能啊。只是成年人练舞蹈的基本功的难度比小孩子要大一点儿，这是因为骨骼的硬度大，不像小孩那样可塑性强，但只要喜欢，坚持下来，慢慢学……"这位母亲的话多了起来。

"难度得有多大呢？"董浩追问道。这位母亲立刻给予了详细的回答。就这样，两位爱美的女性越谈越开心。

后面的结局，我不说你也猜到了。董浩除了从这位母亲那里知道了很多成人学舞蹈的专业知识外，还多了一位指导她如何变美的朋友，更重要的是，这位母亲准备把孩子送到董浩介绍的培训班去学英语。

董浩能够获得这位母亲的认可，是因为她们有"共同话题"——都喜欢成人舞蹈班。

当我们跟客户见面时，如果客户在言谈中表示对某件事有兴趣，那么对于你来说，这就是绝好的交流机会。你顺着客户的话题讲下去，保证能够让客户跟你有一种“相见恨晚”的感觉。

当我们以客户为中心，选择客户感兴趣的话题时，会让客户感觉到在你这里得到了重视。你谈论起客户感兴趣的话题时，客户在心理上会变得放松，对你产生认同感，会不由自主地加倍亲近你。渐渐地，客户也将成为你的忠实客户。

美国总统罗斯福博闻强记。他在和别人交谈的时候，总会找到让别人感兴趣的话题，从而使交谈氛围变得热烈。他怎么能做到这点呢？答案并不复杂。如果他要接待某个人，就会提前翻阅这个人的有关材料，研究对方最感兴趣的话题。可见寻找一个让别人感兴趣的话题是多么重要。

心理学研究发现，当谈论的话题一旦涉及自己最关心的人或者熟悉的人、环境或事情时，人们不但会无条件地解除戒备心理，甚至还会对挑起话题的人怀有亲近感。这便是心理学上的“同胞意识”。

威廉·菲尔普斯8岁那年，一次到姨妈家度周末。有个中年男人前来拜访，他跟姨妈聊过之后，就和菲尔普斯谈起来。

菲尔普斯这个时候对帆船非常痴迷，而对方似乎也对帆船很感兴趣。他们俩的谈话一直就以帆船为中心，两个人很快就成了好朋友。

客人走后，菲尔普斯毫不吝啬地对姨妈表达了他对这位来客的喜欢，因为他对帆船也如此痴迷！但姨妈却告诉他说，那个男人其实对帆船一点儿也不感兴趣，他是一位律师。

菲尔普斯不解地问：“那他为什么一直都在谈帆船呢？”

姨妈说：“因为你对帆船感兴趣，所以他就谈一些让你高兴的事。”

这件事让菲尔普斯受到了教育，直到成人后，他还时常想起那位律师富有魅力的行为。

在我们做销售的时候，完全可以借用客户的这种心理，选择一个客户感兴趣的话题，从而与客户建立亲和感，得到对方的信任和依赖。如果你想得到客户的接受与喜欢，使销售获得成功，那么就要在平时多关注客户感兴趣的话题，其实客户感兴趣的话题不外乎两种，一种是与他自己有关的话题，另一种是与他熟悉的人和事情有关的话题。多花些心思研究客户的消费心理，有了了解，销售才能做到有的放矢。

你如果想借用客户的“同胞意识”这种心理进行销售，必须要考虑什么人和什么事情最能触动对方的心灵，什么样的话题是对方最感兴趣的。不能随意乱用，以免客户产生反感。只有选对话题，才能与客户建立亲和感，缩短与客户的距离，使客户从根本上接受并喜欢上你和你的产品。

做推销是最能锻炼人的。这个职业不仅考验你的毅力，还让你明白做人的道理。那就是，你必须对客户充满爱。哪怕你是“假装”与客户有共同话题，也要建立在爱的基础上，这样你们在交谈时，才会有一个和谐温馨的场面。

如果你对客户怀着爱，再有一个合适的话题，就能让对方兴趣大增，侃侃而谈；而一个不合时宜的话题，则会使对方拒你于千里之外，失去与你继续交谈下去的欲望。

这时你会问，因为跟客户都是初次见面，互相不了解，什么话题合适呢？

实际上，做推销时间长了，就总结出了经验，一个人的心理状态、精神追求、生活爱好等，都或多或少地要在他们的表情、服饰、谈吐、举止等方面有所表现，只要你善于观察，就能发现合适的话题。

一次，我在微信上接到一个陌生微友的咨询案，他是做汽车配件销售的主管，为了尽快了解他的特质，我问了他一个问题：在你销售生涯初级阶段有没有特别让你兴奋或者记忆深刻的真实销售案例？他立刻打了一串兴奋的符号，回答：有啊。我马上和他说：你立刻用语音回复我，他马上回复：好。

这位朋友到甘肃兰州去开发新客户。他刚来到新客户的公司门口，就见一辆车抛锚了，司机车上车下地忙了一通也没有修好。

我这位朋友20多岁时就学会了开车，因为喜欢车，他业余还学了一手修车的绝活。于是，他建议司机把油路再查一遍，司机将信将疑地去查了一遍后，果然找到了抛锚的原因。

司机见他帮了自己的忙，就试探地问他：

“你这么懂车，以前学过吗?”

“没有，只是喜欢。”这位朋友说。

“嗯，我也喜欢车。对了，你平时关注的是哪方面的车?”……

就这样，他们这一对陌生人聊了起来，并且越聊越投机，几乎成为相见恨晚的好朋友。在聊天过程中，他不时地提到货车、货运，司机听得很认真。

司机告诉他：“我是这家公司运输队的负责人。”当司机得知他是来他们公司推销产品时，立刻带着他拜见了他们公司的经理，让他顺利地开发了一个新客户。

事实上，我这位朋友一直没有告诉司机，早在他看到司机修车时，就注意到司机胸前戴的工作牌，上面写着司机的工号和职位。所以，他才在跟司机的聊天中，能把握对方感兴趣的话题，和司机侃侃而谈。他听完司机一口气讲了这么多，就知道司机是踏实工作的，业务能力肯定没问题，于是他送上热情洋溢的掌声，同时对司机说：“您真是高手！以您的用心、实干和做事的踏实，您所带领的部门业绩肯定不错!”

因为他们之前聊了不少“共同话题”，所以他这句“奉迎”的话令司机很开心。

销售员的察言观色的能力非常重要，不仅要及时精准地了解客户的喜怒哀乐、生活习惯、职业状况，还要同自己的情趣爱好相结合。否则，即使我们发现了跟对方有共同点，也还会无话可讲，或者讲一两句就“卡壳”了，之前的努力就白费了，当然也就没有幸运的好结果了！

无论是新客户还是老客户，我们在跟他们见面时，都要尽量寻找“共同话题”，如果没有，就想办法来引导他们。这些办法见表3-1。

**表3-1　与客户寻找共同话题的方法**

| | |
|---|---|
| 1 | 要以客户为中心，以对方感兴趣的事情来作为话题 |
| 2 | 想一切办法，来引导客户谈论他的工作，如客户在工作上曾经取得的成就或将来的美好愿景等 |
| 3 | 要多提起客户的主要爱好，如体育运动、饮食爱好、娱乐休闲方式等 |
| 4 | 跟客户谈论时事新闻、体育报道等，如每天早上迅速浏览一遍报纸，与客户沟通时，首先要把刚刚通过报纸了解到的重大新闻拿来与客户谈论 |
| 5 | 可以适当地跟客户谈论他孩子的情况，如孩子的教育等 |
| 6 | 学会和客户一起怀旧，如提起客户的故乡或者最令其回味的往事等 |
| 7 | 谈论客户的身体情况，以及如何养生等问题 |

不管在什么情况下，只有当客户对你所说的话感兴趣时，他才会重视起来。所以在“销售产品”这道正餐之前，不妨先给客户准备一道开胃菜，即谈论客户感兴趣的话题。

需要提醒的是，如果是在比较严肃、正式的场合下，即便是与客户聊他感兴趣的话题，也要时刻关注客户的表情，当客户感到厌烦时，你必须立刻停止交谈。

## 5. 和客户多说“我们”少说“我”

虽然说优秀的销售员各有各的不同，但有一点却是相似的，就是他们在跟客户沟通时，总能用看似无意中的一句话温暖客户的心。

单丽做销售员前是公司的前台。她决定向公司申请调到销售岗位时，家人、朋友、同事甚至老板，都劝她三思，大家对她说，虽然前台工资不高，但是比较稳定。做销售员底薪太低不说，那可不是一般人能做的，从客户口袋里拿钱，那真是太不容易了。

单丽感谢大家的提醒，并说道：“你们提的建议都好，从客户口袋里拿钱，太难了。我们能不能想个办法，让客户顺利地签单呢?”

听了她的话，大家就为她出主意，她一一记下，并说：“这些好点子，是咱们做销售员的圣经，看来大家都是销售天才啊，我作为大家的朋友，可不敢丢大家的脸。”

就这样，大家都对她抱有了信心。

结果也在所有人的意料之中，单丽做销售员第二个月，业绩就排在了销售部门第一位。大家让她讲秘诀，她笑着说：“都是我们大家的功劳。”

原来，单丽在跟客户沟通时，她使用的语言多是“我们”。例如，一位比她年长的女客户让她帮忙推荐一款送给母亲的礼物。

单丽会问：“姐，我们这是给咱亲妈送礼物，要讲究经济实惠，这样我们既省了钱，又买到了实用的东西，对吧？”

女客户高兴地说：“你说得太对了，正好我最近手头钱有点儿紧，才让你帮着选的。”

单丽点点头：“明白姐的意思，那给咱妈买的礼物控制在200元左右，以实用、咱妈喜欢为主。对了，咱妈喜欢什么礼物？既然送礼物，尽量投其所好，您说是不是？”

……

就这样，女客户在单丽的建议下，快快乐乐地给她母亲买了礼物。

单丽之所以能够让反对她的朋友支持她，就是因为她在讲话时，自始至终是和朋友站在一起的。和客户更是如此，单丽的每一句话，都能够让客户感觉到她是为自己着想，为自己省钱，在客户心里，单丽俨然就是自家人，自然乐意听从单丽的建议。当然，单丽也是真心为客户着想。

分析单丽的话，我们会发现，单丽在跟客户对话过程中，几乎没有提到自己，一直在为客户着想，导致的结果是“双赢”。

大量的事实证明，人们都喜欢被人关心，被人真诚对待。如果在用好话“哄”人前，你付出真心，那么对方一定会对你非常信任。

在跟客户谈话时，用“我们”把你关心客户的真心表达出来，一定会让客户愿意听你讲话的。这也是很多销售员总结出来的经验，面对形形色色的客户，我们不可能准确地把握每一个人的心理，但是有一条准则却是相同的，你为客户着想，即使不能让客户绝对信任你，但也是会让客户喜欢你的。

我的一名学员，讲起她初次做推销员的经历：

她第一次上门推销时，敲开客户的门，第一句话就是：“您好，我是某某公司的某某，现在公司生产的产品处于促销……”

对方敷衍地笑笑，把门关上了。

在遭到多次拒绝后，她认真想了想，决定换一种方式。因为她推销的是女性客户用的香水，于是她事先给客户买了一束鲜花作为赠品。

客户开门后，她礼貌地说：“您把家收拾得好整洁、优雅，如果我们再把这花摆上去，就更完美了……”等对方好奇地接过花开始讲话时，她才找机会讲公司的产品。

销售员在说“我们”时会给对方一种心理暗示：销售员和客户是站在一起的，是站在客户的角度想问题，虽然“我们”只比“我”多了一个字，但却多了几分亲近。因为当你跟客户说“我们”时，表明你很关注对方，是站在双方共有的立场上看问题，把焦点放在对方身上，而不是时时以自我为中心。

毫不夸张地说，你试着注意一下自己每天说“我”的次数，你会发现，自己几乎每句话都提到了一个“我”字。所以，销售员要尽量避免这种情况的出现，避免老是说“我”。如果想成为一个受客户欢迎的人，请你必须牢记：少说“我”，多说“我们”。关注客户，客户才会更关注你！

人人都喜欢戴高帽子，人人都喜欢被别人重视。所以销售员要把握客户这种微妙的心理，在和客户谈话的时候多说“我们”，少说“我”！

再想想看，既然人人都喜欢被别人重视，那我们就必须学会重视别人。如果客户在炫耀自己的能力，就让他炫耀好了，即使你很讨厌他，也要装作喜欢听他讲话的样子。对于常和客户打交道的销售员来说，取得对方的信赖是一件获得对方青睐的重要法宝。

## 能让客户感觉受到了重视

当你向客户说“我们”的时候，在客户看来，你对他比较重视，在心里会对你产生好感。如果你对客户总是“我如何如何”，客户心里会说：“我又不认识你，对你也不感兴趣，何必听你讲这些没用的话。”同时还会认为你这个人比较自我，从而不愿意跟你交往。

## 能让客户真正感觉到你的关心

跟客户讲话时说“我们”，还意味着你有和客户继续交往的欲望。对于许多客户来说，他们跟你谈话的目的并不是单纯地想解决问题，更重要的是希望销售员真心地关心自己，只有你关心他们，才会让他们觉得你推销的产品真正是他们需要的。

需要提醒的是，销售员要注意，不能事事说“我们”，要根据跟客户沟通的场景来把握说话的节奏。

## 6. 运用幽默，避免冷场时的尴尬

方玲在某商场承包了一个柜台，专卖品牌服装。

下面是她与一位试过衣服的男顾客的对话：

“我们这个品牌的衣服可是从法国进口的，请的还是美国好莱坞的明星做代言，质量没得说，就是价格高一点儿，一般人买不起。”

该款衣服确实昂贵，方玲说这话的本意，是想强调衣服的名牌效应。没想到，男顾客听后，脸拉得很长，气呼呼地说道：“你的意思是我没钱买？”

方玲看到对方生气，连忙说：“我不是这个意思。”

“那你是什么意思，你不就是看我穿得普通，买不起吗？”男顾客因情绪激动，脸涨得通红。

方玲说：“其实我觉得价格是次要的，关键是合不合适，您说是不是这个道理？我觉得这套衣服穿您身上太适合不过了，配上您的气质，让您强大的气场得到很好的发挥。在您身上说帅字我都感觉到俗。”

男顾客听她这么一说，“扑哧”一声笑了，说道：“您说话真逗，给我把衣服包起来吧。”

然后埋单走人。

幽默是一种最富感染力、最具有普遍传达意义的交际艺术。幽默在人际交往中的作用是不可低估的，俗话说“笑一笑，十年少”，人们大多喜欢和具有幽默感的人交往，因为他们能给人带来一种心灵上的愉悦和轻松。

在销售过程中，交易的本身容易让客户充满戒备与敌意，如果我们销售员能够适当地运用幽默的销售技巧，就能够消除客户的紧张情绪，让我们跟客户的整个沟通过程变得轻松愉快，充满人情味。所以，幽默的销售员更能获得客户的欢迎，取得他们的信任，促使交易走向成功。

销售员幽默的语言不但能让客户在心里认同你，还能在销售过程中起到化险为夷的作用。朋友朱丽在与客户谈判时，经常运用幽默来使自己避免尴尬。

朱丽是中介公司的销售员。一次，她带着一对打算买房的老夫妇去看房。在路上，女客户说了打算买房的理由：

“我们在市里住了20多年，那房子虽然大，但是太吵了，小区挨着马路，早上五点多就听到公交售票员的报站声了。小区绿化环境也差，连一块草坪都没有。”

朱丽听后，心里明白，这对老夫妇对房子的唯一要求，是环境要好。于是，她在带他们去看房子时，不厌其烦地指着路边的花花草草、假山流水给叔叔阿姨介绍：

“叔叔，阿姨，看到了吧，这树，这遍地的鲜花绿草，还有那里的假山流水，妈呀，这哪里是北方的城市，完全是一秀色可餐的江南小镇啊。我就这样对你们说吧，住在这个小区里的居民，只要是搬来了，都不会离开这里的……”

朱丽的话还没有说完，3个人就看到前面有一户人家正在搬家。朱丽立刻说道：“叔叔，阿姨，您看看吧，这位中医邻居，在这里开了一家诊所，但因为这里环境好，空气好，安静，个个邻居都愿意出来锻炼身体，没人生病，导致他生意惨淡，不得不另寻出路了。好可怜啊……”

客户听后笑了起来。

幽默语言是一种特殊的语言艺术。它是我们适应环境的工具，是人类面临困境时减轻精神和心理压力的方法之一。为此，俄国文学家契诃夫说过：不懂得开玩笑的人，是没有希望的人。

身为销售员，因为时刻跟形形色色的人打交道，所以更要学会幽默。我们在为客户带来幽默快乐的同时，还会愉悦自己。让自己多一点儿幽默，少一点儿苦闷；多一点儿幽默，少一点儿偏执。

具有幽默语言的销售员，生活充满情趣，会使人感到和谐愉快，相融友好，销售也自然成功。

幽默可以淡化人的消极情绪，消除沮丧与痛苦，给别人带来欢乐。

每一个人都喜欢和幽默风趣的人打交道，而不愿和一个死气沉沉的人待在一起，所以一个幽默的销售员更容易得到大家的认可。

苏宁是一名保险业务员。一次，他听一位老师的课后，就对老师说：“老师，我听了您两天的销售特训营，感触太深了，我知道这个月回去我的业绩一定大幅提升。为了回馈您，我决定为您服务。”

这位老师知道苏宁是保险业务员，就笑着拒绝：“虽是同行，但我对保险公司的办事效率保持怀疑态度。所以，请原谅我不能配合你，明确地告诉你，我拒绝你的服务。”

苏宁热情地说：“老师，您之所以怀疑保险公司的办事效率，那是因为您还没有遇到我。您知道我的办事效率有多高吗？实话告诉您我曾经服务过的一个客户的故事吧。我的一位客户不小心从楼上摔下来，还没有落地的时候，我就已经把赔付的支票交到了他的手上。”

听了他的话，这位老师笑了，暂时打消了对保险的疑虑，心里开始想：“如果我选择保险公司，第一优先选的将是他。”果不其然，后来他真的成为苏宁的客户。

幽默可以说是销售成功的金钥匙，它具有很强的感染力和吸引力，能迅速打开客户的心灵之门，让客户在会心一笑后，对你、对商品或服务产生好感，从而诱发购买动机，促成交易的迅速达成。所以，一个具有语言魅力的人对于客户的吸引力简直是不能想象的。

我的朋友H做销售员不到三年，他不但口才好，而且反应敏捷，善于随机应变。

一次，H正在销售他那些“折不断的”尺子时，他说：“看，这些绘图尺多么坚韧，任凭你怎么用都不会断。”

为了证明他所说的话正确，他捏着一把绘图尺子的两端使它弯曲起来。突然“啪”的一声，原本完好的绘图尺顿时变成两截塑料断掉了。

这个时刻，一般人会很惊慌的，但机灵的H把它们高高地举了起来，对围观的“吃瓜”群众大声说：“请仔细看看吧。女士们，先生们，这就是绘图尺内部的样子，咱们拆开看看，瞧它的质地多好啊！”

出色的销售员，是一个懂得如何把语言的艺术融入商品销售中的人。可以这样说，一个成功的销售员，必须培养自己的语言魅力。有了语言魅力，任何突发事件都是最佳的销售契机。一个具有语言魅力的人对于客户的吸引力简直是不能想象的。出色的销售员，都是懂得如何把语言的艺术融入商品销售中的人。

一名销售员，有了语言魅力，就有了成功的可能。所以，销售员在和客户交流时，要注意以下几点。

## 用语通俗化，最好让客户一听就懂

由于客户都是普通老百姓，所以销售员说的话一定要通俗易懂。在向客户推销时，销售员对产品和交易条件的介绍一定要简单明了，表达方式必须直截了当。同时，销售员还要使用每个客户所特有的语言和交谈方式。所以，销售员首先要做的就是要用客户明白的语言来介绍自己的商品。

## 必要时可以用讲故事的方式介绍产品

人人都爱听故事，如果用讲故事的方式向客户介绍产品，自然能够收到很好的效果。任何商品都有自己有趣的话题：它的发明、生产过程、产品带给客户的好处等。销售员可以挑选生动、有趣的部分，把它们串成一个令人喝彩的动人故事，作为销售的有效方法。

所以，销售大师保罗·梅耶说："用这种方法，你就能迎合顾客、吸引顾客的注意，使顾客产生信心和兴趣，进而毫无困难地达到销售的目的。"

## 学会用形象的语言和客户交流

"说话一定要打动顾客的心而不是顾客的脑袋。"为什么要这样说？因为顾客的钱包离他的心最近，打动了他的心，就等于打动了他的钱包。打动顾客的心最有效的办法，就是要用形象的语言来描绘。就像女生去逛商场，销售员对她说："这件衣服穿出了你独有的气质。""穿出了你独有的气质”，一句话就会打动顾客的心，她立刻就会买下这件衣服。在顾客心中，不是在照顾销售员的生意，而是这件衣服让她拥有气质，顾客自然喜欢埋单。

第4章

# 善于倾听，从客户言谈中掌握信息

- 1. 倾听的艺术，80%的成交靠耳朵完成
- 2. 会说不如会听，“听”出来的大单
- 3. 耐心倾听，识别客户声音背后的意图
- 4. 学会倾听，借助声音识别客户内心的表情
- 5. 认真倾听，在客户讲话过程中知其性格
- 6. 辨别真伪，通过客户言谈洞察其心机
- 7. 听声识人，从客户言谈中了解信息

## 1. 倾听的艺术，80%的成交靠耳朵完成

倾听是一门艺术。善于倾听的人不但不容易犯错误，还能够得到他人的喜欢。这是因为当你用心地倾听别人说话时，你会明白对方的真实想法，理解对方的心意，这时你说出的每一句话，都能够说到对方心坎儿里，能让你赢得对方的真情和信任。

对于销售员来说，学会倾听是你自我修养的体现。当你带着自己的诚心，认真地听客户讲话时，你会体察到客户的心情，明白他的需求，这样你可以为他解忧排难。

戴尔·卡耐基就曾经告诉我们说："如果你想成为一个谈话高手，那么首先你得学会聆听，要鼓励别人多谈他自己的事，而不是让别人只听你说话。"销售员只有多倾听客户的意见和看法，才能增加你对这件事情的见识，让你获得智慧和尊重。据调查，绝大部分销售高手都善于聆听客户说话。

郭宁和张若都是某房地产公司的员工。张若是销售部门经理，郭宁是入职不久的销售员。

一次，公司让郭宁电话回访一位客户。这位客户很多次来看过楼盘，就是迟迟不交定金。郭宁打通客户电话后，认真地向客户推荐了热销的楼盘，价格适中，可以说无论是价格还是户型，都是客户心中期望的。

郭宁滔滔不绝地讲了半天，没想到客户还是委婉地拒绝了，客户说：“我确实喜欢你推荐的房子，但我手头确实有点儿紧，我有一个朋友欠我钱，年底等他还了我，我再去买。”

郭宁知道对方是在搪塞，心想这客户真不识好歹，自己白白讲了半天，就客气地挂断了电话。

郭宁向部门经理张若汇报工作：“这个客户没戏，说什么年底有钱了再买楼，一看就是在推托。我建议别理这种客户了。”

张若心想：这个客户我接待过好几次，他是公司的中层领导，按道理讲工作也很忙。如果无心买房，是不可能多次花费时间来看房的。

想到这里，张若向郭宁要过客户的联系方式，亲自给客户打电话。

张若拨通客户电话后，在礼貌地自我介绍后，他就一直静静地倾听客户说话，偶尔会同情地插一句话。在半个小时后，张若才挂了电话。

下午，客户就拿着买楼的定金来找张若。

客户走后，郭宁惊讶地问张若是怎么说服客户买房的？

张若笑着说：“当客户提到他的朋友欠他钱时，我并没有劝客户买房，只告诉他年底怕这户型涨价或没有了。然后帮客户出主意，能否先少交一点定金。因为毕竟买房是大事，朋友还钱是朋友的事情，别让朋友耽搁自己的大事，我劝他认真考虑考虑。”

推销天王乔·吉拉德曾经告诫推销员说：“不要过分地向顾客显示你的才华，那样会伤害他们的自尊心。成功推销的一个秘诀就是80%的使用耳朵，20%的使用嘴巴。”

对于销售员来说，懂得倾听是成功沟通的一把武器，因为单方面的说服只是灌输，而倾听才是连接彼此内心的桥梁。所以，销售员在跟他人沟通时，一定要先听懂对方想向你表达什么，你说出的话才能打动对方，从而进行有效的沟通。

不可否认，在当今新型的社交模式下，人人都喜欢赢得别人的重视和尊重，所以都急于表达自己而懒得聆听他人的心声。反过来说，如果你能够认真聆听，给予对方足够的关注，那他也会放下戒备专心听你说话，从而能够增进彼此的关系，也更容易化解分歧和解决问题。

著名的人际关系学大师卡耐基是美国现代成人教育之父，也是20世纪最伟大的心灵导师和成功学大师。据说在卡耐基成名之前，他还做过一段时间的汽车推销员。在做推销员期间，卡耐基起初秉承的是以"说"为主的推销术。

一次，店里来了一对穿着时尚的年轻夫妇，卡耐基赶紧上前招呼："非常欢迎两位光临我们的店，我们这里有最优良的货车和自用车，以两位的身份，这辆车就非常适合你们……"

卡耐基滔滔不绝地讲了半天，但两位顾客的脸上却没有一丝笑意。又过了几分钟，女顾客终于不耐烦了，拉着丈夫的手就往外走。走到门口的时候，女顾客还不忘回过头揶揄了卡耐基一顿："这位先生，你非常热情，但很显然，你不懂汽车，也不懂相关的机械原理。刚才你只是在向我们背诵一些说明书上的数字，这些事谁都会做。所以，我们是不会向一个外行买车的。"

听了女顾客的话，卡耐基半天说不出话来，只是唯唯诺诺地一直向两位顾客道歉。更让卡耐基尴尬的是，女顾客的话被刚从办公室出来的经理听到了。客人走后，经理冲着卡耐基又是一顿痛骂："告诉你多少次了，不要和顾客谈论那些该死的数据，如果你真的想卖掉汽车，就应该用心去搞懂汽车的性能和原理，并按照顾客的需求向他们做介绍。否则，你就会像外面那个人一样。"

卡耐基顺着经理手指的方向看去，看到了一个乞丐。

从那天起，卡耐基开始反省自己的营销手段。后来他发现自己犯了一个公关上的致命错误，就是没有事先问客户需要什么，也没有给客户发言的机会。事实上，真正的症结并不在于他对自家的品牌了解多少，而是客户的需求。他忽略了这样一个潜在的事实，就是很多客户在去他的店之前，或许已经逛了很多汽车销售店，对汽车的性能也有相当的了解了。领悟了这一道理之后，卡耐基开始全身心地投入研究客户的需求中，最后成功地掌握了能把话说到客户心窝的营销口才。

心理学研究表明，越是善于倾听的人，与他人关系就越融洽。因为倾听本身就是对对方的一种褒奖，你能耐心地倾听对方的谈话，等于告诉对方“你是一个值得我尊敬的人”，对方又怎能不积极回应、表现出对你的好感呢？

人人都想说好话、说巧话，都想通过会说话赢得好人缘，却忽略了沟通的另一面——倾听。其实，会倾听同样可以使你在沟通中赢得对方的好感，帮你打开成功的一扇窗。如果和人沟通时不注意倾听，即使你巧舌如簧，也可能是一个失败者。

80%的销售员在推销的时候，都会犯同样的错误，就是说得太多，听得太少，结果就是把握不住客户的需求，错失商机。为此，美国前总统亚伯拉罕·林肯说：“当我准备发言时总会花2/3的时间考虑听众想听什么，而只用1/3的时间考虑我想说什么。”其实演讲也好，推销也罢，都要考虑对方想听什么。

对于销售员来说，向客户讲自己知道的，是智商的体现；而让客户讲出他的需要，则是情商的体现。

沟通是双向的。我们并不是单纯地向别人灌输自己的思想，还应该学会积极地倾听。倾听的能力是一门艺术，也是一种技巧。我们只有了解了倾听的艺术，才能够顺利地签单。所以，我们在倾听客户说话时，务必做到以下几点。

## 全神贯注地倾听，并及时回应客户

倾听必须是全神贯注地去听，并辅助以适当的表情、动作或简短的回应，这样才可以激起客户继续谈话的兴趣，并支持和认可你。

倾听中的提问要言简意赅，而且紧紧围绕谈话主题。提问时要以理解、尊重的态度，认真、诚恳而准确地提出一些对方能接受的问题。

## 在倾听时要配合肢体语言或语气

体贴的微笑可以传递和善、友好的信息；含笑的眼神可以表达你的真诚和友爱；热情的语气能让客户成为你的朋友，让你和客户产生一种共鸣。

## 在和客户谈话过程中准确核实一些重要信息

客户在谈话过程中会透露出一定的信息，这些信息有些是无关紧要的，而有些则对整个沟通过程起着至关重要的作用。对于这些重要信息，你应该在倾听的过程中进行核实。这样既可以避免遗漏或误解客户的意思，又能及时有效地找到解决问题的办法；同时，客户也会因为找到了热心的听众而提高谈话的兴趣。

值得销售员注意的是，核实并不是简单重复，它需要讲究一定的技巧，否则就难以达到鼓励客户谈话的目的。

## 要善于聆听客户的言外之意

在倾听的过程中，还有一点很重要，就是销售员应从客户的语气、语调、语速等多方面捕捉到信息，听出客户的言外之意。在实际沟通中，客户很少直接把自己的需求表露出来，因为很多需求是隐性的，连他自己也不清楚。还有的客户不敢直接说出自己真正的感觉和想法，他们往往会运用一些叙述或疑问，百般暗示，以此来表达自己内心的感受和看法。

## 2. 会说不如会听，“听”出来的大单

俗话说：“听锣听声，听话听音。”话语除了字面上的含义之外，还有很多言外之意，包含了情感、侧重、倾向、价值观方面的信息。所以要认真倾听，从对方的话语中抓住最有价值的信息。

我辅导的公司有两名员工小张和小郑，都听过我的课。他们同一天入职，小张一年没有签单，小郑三个月时就开始签单，现在基本每个月都会签一个客户。

小张头脑灵活，能说会道。经过培训，他能够在接待客户时总保持着招牌的微笑，嘴里“嗯啊”地回答，但事后你问他客户说了什么，他支支吾吾地回答不上来。

别看他听得很认真，但他心思没在客户那里，对此，小张的结论是：“我一天要接待多少客户，这些客户什么人都有，谁有耐心听他们啰里啰唆地讲下去啊。”

我对他说：“认真对待顾客，并不是只为顾客介绍产品，做好售后服务。这只是作为销售员最基础的工作。收钱的事情谁都喜欢做。关键是如何让客户乐意、愿意为你付钱。这就得需要你的‘倾听’技巧了。”

小郑性格内向，平时也不爱说话，但客户就是愿意跟他聊。我问小

郑:“客户跟你聊什么?”

小郑回答:“他们什么都聊,我负责听就好了。有时我会根据客户讲的话题,或附和或讲讲我的见解。一次,一位客户说,他的亲戚开着什么店,想进公司的产品,问我能不能优惠。我连夜把市场上同类产品进行质量对比、分析后做了一张表,明眼人一看就能看出来,我们公司的价格虽然高点儿,但质量是最棒的。”

这还没完。

小郑从不强迫客户买产品,而是对客户说:“我把同行的联系方式给您,您再让咱家亲戚深入了解一下,觉得哪家产品好就选哪家的。”

我笑着问:“你不怕客户跑了?”

小郑说:“真不怕,我跟客户聊得多,我从他们话中了解了他们每个人的性格,而他们对我也是非常信任。再说了,我心里真为客户着想,如果客户真中意其他公司的产品,我也乐意满足他们。结果你猜怎么样?这个客户的亲戚原来是一个大客户,几年来我们公司的老销售员都没和他签约,居然被我这个新手给签了。是不是我运气够好?”

我说:“不是你运气好,是你会听。你这个大单是你‘听’出来的。”

小郑的“会听”,其实就是有效倾听。有人曾经做过一个游戏:两个人一组,一个人连续说3分钟的话,另外一个人只许听,不许发声,更不许插话,可以有身体语言。之后换过来。结束以后每人轮流先谈一谈听到对方说了些什么?然后由对方谈一谈听者描述的所听到的信息是不是自己想表达的?

最后显示的结果与其他培训课上的情况相似,有90%的人存在一般沟通信息的丢失现象,有75%的人存在重要沟通信息的丢失现象,35%的听者和说者之间对沟通的信息有严重分歧。例如,妻子说“婚姻是需要经营的”,而丈夫却听成“在婚姻中不必过于勉强自己”,这是一种对沟通信息的完全曲解。

伟大的推销员乔·吉拉德，也有因为不注意倾听而丢单的时候。在一次推销中，乔·吉拉德与客户洽谈顺利，就在快签约成交时，对方却突然拒签。

当天晚上，不甘心的乔·吉拉德按照客户留下的地址上门讨教。客户见他满脸真诚，就实话实说："你的失败是由于你没有自始至终听我讲的话。就在我准备签约前，我提到我的独生子即将上大学，而且提到他的运动成绩和他将来的抱负。我是以他为荣的，但是你当时却没有任何反应，甚至还转过头去用手机和别人通电话，我一怒之下就改变主意了！"

此番话彻底惊醒了乔·吉拉德，使他领悟到"听"的重要性。如果不能自始至终地"有效倾听"客户讲话的内容，了解并认同对方的心理感受，就有可能会失去自己的客户。

成功的销售必须脚踏实地。就像我们做人一样，来不得半点虚的。听客户讲话也是同样的道理，必须耐心地听，用心地听，甚至怀着同理心听，只有这样才能让你的"倾听"变得有效。

凡是顶尖推销员都明白倾听的重要性，因为只有学会有效地倾听，才能够感动客户。就好比你是客户，在遇到一些事情想和人分享时，如果能有一个人在懂你的基础上听你说话，你心里该如何信任对方？

那么，如何倾听才能够做到有效倾听呢？这里面是有技巧的。

美国著名心理学家托马斯·戈登研究发现，按照影响倾听效率的行为特征，倾听可以分为三个层次。一个人从层次一到达层次三倾听者的过程，就是其沟通能力、交流效率不断提高的过程，见表4-1。

**表 4-1 倾听的三种层次**

| | |
|---|---|
| 第一个层次 | 在这个层次上，倾听者完全没有注意说话人所说的话，只是在为了照顾对方的面子而假装在听，其实却在考虑自己的事情，或是其他毫无关联的事情，或是内心想着如何辩驳。此时，对他来说，他更感兴趣的不是听，而是想着如何说。这种层次上的倾听，是最容易导致双方关系的破裂、冲突的出现和拙劣决策的制定 |
| 第二个层次 | 人际沟通实现的关键是对字词意义的理解。在倾听的第二个层次上，倾听者主要在倾听所说的字词和内容，在大多情况下，还是错过了讲话者通过语调、身体姿势、手势、脸部表情和眼神所表达的意思。这样将导致误解、错误的举动、时间的浪费和对消极情感的忽略。除此以外，由于倾听者是通过点头同意来表示正在倾听的，而不用询问澄清问题，所以这样还会导致说话人可能误以为所说的话被完全听懂或是理解了 |
| 第三个层次 | 处于这一层次上的人，才会表现出一个优秀倾听者的特征。这种倾听者是高效率的倾听者，他们在说话者的信息中能够寻找感兴趣的部分，他们认为这是获取新的有用信息的契机。高效率的倾听者清楚地知道自己的个人喜好和态度，能够更好地让自己避免对说话者做出武断的评价或是受过激言语的影响。好的倾听者从来不会急于做出任何判断，而是对对方的情感感同身受，并且能够设身处地看待事物，这时他们更多的是询问而非辩解 |

托马斯·戈登在统计后发现，约有80%的人，在与人交往时，只能做到第一个层次和第二个层次的倾听，而在第三个层次上的倾听只有20%的人能做到。但正是这20%的高效率的倾听者，成为做任何事都能接近成功的那一部分人。也就是所谓的二八定律（又名80/20定律），即最省力的法则、不平衡原则等。

销售员要想学习高层次倾听的一些方法并不难，首先要做到以下几点，见表4-2。

**表 4-2 高层次倾听的方法**

| | | |
|---|---|---|
| 1 | 专心 | 通过非语言行为，如眼睛接触、某个放松的姿势、某种友好的脸部表情和宜人的语调，建立一种积极的氛围。如果你表现得留意、专心和放松，对方会感到被重视和更安全 |
| 2 | 真诚地对对方的需要表示出兴趣 | 你带着理解和相互尊重进行倾听，才能表现出对对方的需要的兴趣来 |

续表

| | | |
|---|---|---|
| 3 | 以关心的态度来倾听 | 像是一块共鸣板，让说话者能够试探你的意见和情感，同时觉得你是以一种非裁决的、非评判的姿态出现的。不要马上就问许多问题，不停地提问给人的印象往往是听者在受“炙烤”。表现得像一面镜子：反馈你认为对方当时正在考虑的内容。总结说话者的内容以确认你完全理解了他所说的话 |
| 4 | 避免先入为主 | 这发生在你以个人态度投入时。以个人态度投入一个问题时往往导致愤怒和受伤的情感，或者使你过早地下结论，显得武断 |
| 5 | 使用口语 | 使用简单的语句，如“嗯”“噢”“我明白”“是的”或者“很有意思”等，来认同对方的陈述。通过说“说来听听”“我们来讨论讨论”“我想听听你的想法”或者“我对你所说的话非常感兴趣”等，来鼓励说话者谈论更多内容 |

在跟客户谈话时，你遵循这些原则会帮助你成为一名成功的倾听者。所以，我们要养成每天运用这些原则的习惯，将它内化为你的倾听能力，你会对由此带来的结果感到惊讶的。

销售专家一致强调“服务”的重要性。我在这里理解的服务中也包括“有效倾听”，你的“倾听”让客户满意了，是对客户精神上“服务”了。

每一名销售员也都知道这个道理，但是能够身体力行、踏实去做的人却少之又少。许多销售员认为“顾客第一”是老调重弹，没有什么好强调的，然而，这正是顶尖销售员能够成功之处。

## 3. 耐心倾听，识别客户声音背后的意图

卡耐基曾经说过，一双灵巧的耳朵胜过十张能说会道的嘴巴。作为销售员，如果我们能够耐心倾听客户的每一句话，就会引出很多内容，哪怕是抱怨或是批评的话，也值得我们思考和改进，有助于我们发现问题、解决问题。

小王是奔驰汽车销售员。一天，一位言谈举止文雅，穿着打扮很有品位的男士来向小王选购汽车。小王无论在功能介绍，还是在价位档次上都把握得恰如其分，眼看成交在即，就在签单桌上签单、品茶、闲聊的片刻，顾客突然起身要离开，怎么也没有留住。这次失利小王很纳闷，也很苦恼，不知道自己疏忽在哪里。在我的一次培训中，小王拿出这个例子向我咨询。

我问："当时顾客和你闲聊的是什么事情？"

小王："就是7月高考成绩下来了，他儿子考了670分，考入了清华大学。"

我又问："你知道，父母最大财富是什么？"

小王："是子女。"

我接着问："父母最大骄傲是什么？"

小王："是子女有出息。"

我说："这就对了，这个时候顾客最大的兴趣已经不在奔驰车上了，而在对子女的炫耀上，希望得到的是你的赞叹、附和、尊重、羡慕等情感的倾诉。而你当时在做些什么呢？"

小王："我当时没有考虑那么多，心思只在填写购车单上，对他的话语只是心不在焉地应付着。"

通过以上案例得出：销售员不仅是专业知识方面的顾问，而且要成为"听话高手"，在客户滔滔不绝的言语中发现他们的目的、矛盾、欲望、误解、倾诉等，为进一步说明、说服或者引导打下基础。一般来说，销售员耐心倾听有如下好处。

## 让你足够了解客户的信息

倾听可以使你弄清客户的性格、爱好与兴趣。

## 让你弄懂客户的真正意图

倾听使你了解客户到底在想什么，对方的真正意图是什么。

## 让你得到客户的信任

倾听使客户感觉到你很尊重他，很重视他的想法，使他放下包袱与顾虑。

## 让你完善自己的工作

当你倾听客户的抱怨时，一方面可以使客户发泄，消除客户的怒气；另一方面你可以从客户这里了解到自己的工作哪里欠缺，有助于以后改正。

## 让你有时间思考如何回答客户的话

很多销售员在向客户推荐产品时，一般都会被客户用简短的话来拒绝。如果你能与客户谈话，那么你可以通过倾听来争取时间，这样会使你有充分的时间思考如何回复客户。

既然耐心倾听有这么多好处，那么销售员如何耐心倾听呢？不妨从以下几方面来做。

## 在倾听客户说话时一定要专注

销售员务必注意，在倾听客户说话时，一定要做到排除干扰，集中精力，以开放式的姿势，并认真思考，积极投入地倾听客户的陈述。

## 在倾听时要仔细分析客户说的话

销售员在专注倾听的同时，还要仔细分析对方话语中所暗示的用意与观点，整理出关键点，听出对方的感情色彩，以及他要从什么方面来给你施加压力。

## 在倾听时要把客户讲的模棱两可的话记录下来

要特别注意客户的语言，对模棱两可的语言要记录下来，礼貌地询问对方，观察其身体语言，也许是他故意用难懂的语言，转移你的视线与思想。

## 在倾听时要恰到好处地给予客户回应

销售员在倾听时，以适宜的身体语言回应，适当提问，适时保持沉默，使谈话进行下去。

## 4. 学会倾听，借助声音识别客户内心的表情

沟通从心开始，第一步就是学会倾听。对于销售员来说，一双善于倾听的耳朵胜过十张能说会道的嘴巴。可以说，倾听是最重要的最有效的沟通方式。

从沟通的角度来说，倾听是沟通的前提。学会倾听是沟通的第一步。销售员要学会从客户的话中知道他在想什么、关注什么和需要什么，这样才能有针对性地给予客户关心和帮助，使以后的沟通变得更容易。不过，销售员不能只注重表面的言辞，更要听懂客户的话外音，这样才能准确地拿捏客户的心理。

“小伙子，我说过多少遍了，你别来我家推销了，我这样一个孤寡老人，平时连门都很少出，你的产品对我真的没用。”

“阿姨，真不好意思，我打扰您了。”

“我不是怕你打扰，说实话，我还想让你来呢，我一个人在家寂寞啊。我是为了你着想，你年轻，推销是你的工作，你卖不出去产品，就没有钱。你说是不是？”

“是。”

“以后你记住我的门牌号，到我门口就绕过去。我年纪大了，在穿上早不讲究了，你要是能给我上门送一些米呀油呀的，我倒可以考虑考虑。”

“哦，阿姨，您现在需要买米或油吗？我可以帮您。”

“小伙子，你真实在。我现在还不用，只是打个比方。谢谢了。”

“阿姨客气了。”

“小伙子，你人这么好，我不买你的产品，还真有点儿不好意思呢。可我买了真的没用。我给你支个招儿吧，你这种产品质量再好，你再努力，每家每户地上门推销，就是人家买，你也卖不出去多少。你不如去批发街，向那些个体老板推销，我们附近居民区的人，都爱去那个批发街买东西。”

“阿姨，谢谢你，我去过你说的那个批发街了，他们嫌我的产品是新牌子，不敢进货。”

“你多去几次啊。这样吧，我的侄女在那条街上开了一个百货批发部，我领你过去，让她进你的货。”

“阿姨，这样不太好吧，有点儿强迫别人买我的产品之嫌。”

“没关系，你对我这样一个孤寡老人都这么好，估计产品也不会错。”……

上面的对话，是我辅导过的一家公司的员工给我提供的。这名员工刚做推销员时，在两个月内连连碰壁，后来他就摸索出一套跟客户沟通的方法，用“倾听”来获取客户内心的想法。上例告诉我们，做推销，并不一定要能说会道，而是要学会“倾听”。因为大部分客户都还没有耐心听你讲完就拒绝了，难怪来自各行各业的销售高手都认为做销售耳朵要比嘴巴重要！

张兰是某商场服装专柜的促销员。三年前，她做这行时，跟大多数人一样，认为跟顾客打交道，就得会说。所以，在与顾客沟通时，她就像是打开了话匣子，滔滔不绝地讲了起来。然而，顾客在听到她讲第二句话时，就找借口走开了。

一个月下来，来她这里的顾客不少，但是买的却不多。她开始质疑自己的能力。

“我到底哪里做得不到位，才让顾客反感?”张兰心想，“我得想办法问问顾客。”

她决定改变与顾客沟通的方式。

“您好，有喜欢的请试试。”再有顾客到她这里时，她一改先前的喋喋不休，尽量简短地跟顾客说话。

“嗯，说实话，你这里的衣服质量不错，就是款式太老。”顾客是一个二十五六岁的女孩，“没有我们这个年龄段要穿的衣服。”

听了女孩的话，张兰打量了一下自己挂起来的衣服，果然像女孩说的那样，款式太老。

“嗯，您说得有道理，以后我进一点儿您这个年龄段的女孩穿的衣服，看看能不能卖。”张兰说。

“你应该多进一些我们这个年龄段的女孩穿的衣服。”女孩说，“这附近有好几所大学，有那么多的写字楼，女大学生和女白领都爱来这里逛。”

张兰恍然大悟。果然如女孩所说，她后来进的那些时尚款式的衣服，很快就卖了出去。

此后，她跟顾客再沟通时，会以倾听为主，即使同顾客说话，她也会用请教的口吻，例如，“您说得对，请问您还有什么好的建议?”“您最喜欢哪一款?”等。

做销售员，我们首先要明白，对方拒绝的理由中有60%都不是心里的真正想法。如果对方没有告诉你为什么要等以后再说，对方很可能是拒绝你了，正确的做法是要问清楚对方为什么要等以后再去沟通，我们只有找到真正解决问题的突破口，才有可能完成签约。

早在2000多年前，古罗马政治家西塞罗就说过：“雄辩之中有艺术，沉默也有。”但是，许多人忘记了“听”的艺术，结果这个世界上好的听众少之又少。

销售员首先应该扮演好听众，而后才是演说家，并且在倾听的时候直视对方，如果你能表现出浓厚的兴趣，那么你将会收到神奇的效果。

销售员如果能听懂顾客的弦外之音，准确把握顾客的心理，瞄准时机，迅速出击，会更快地达成交易。

## 从客户的话中“听”出其意愿

销售员要注意，如果你向客户介绍产品过程中，你一直在说，而客户回应冷淡，或是偶尔看向其他地方，说明他对你说的内容不感兴趣，这时你必须调整谈话思路，激发客户的兴趣。如果客户对产品提出很多问题，或是拿你推销的产品跟其他的比，就说明客户购买意向大，此时他正在思考该买哪一个。

## 从客户的话中“听”出反对的真正理由

如果客户说：“我觉得你的方案很好，但我们真的预算不够。”你此时一定要沉住气地追问：“如果抛开预算，您会考虑我们现在这个方案吗?”用这样的提问，能够挖掘客户真正的动机：或许是方案内容不够周全，他提出的“预算不够”只是推托的借口。

## 从客户的话中“听”出对方释放出的拒绝讯号

如果客户说：“这么忙还让你特地跑一趟，可惜今天我实在抽不出时间，请你下次再来吧。”越是如此客气的话，越表明客户是在委婉地拒绝。

## 从客户的话中“听”出他对你的印象

你在听客户的意见时，他若说“对，对”并点头回应，说明他真心赞同你，你可以说：“您说得对！”这样会让他知道你明白他的立场。为了让客户感到自在，最好连呼吸节奏、说话的语气和速度、身体的姿势也都调整成与对方同步。如果你们这种同步的聊天能持续下去，说明客户对你这个人还是认同的，此时你再寻找机会推销产品。

## 5. 认真倾听，在客户讲话过程中知其性格

“谢谢，你们公司的产品很好，但我们公司真的不需要。”

推销员吴天第二次走进客户公司时，他一进去，客户就说了这句话。

“说谢谢的应该是我。”吴天说，“打扰您了。”

见吴天这么客气，客户的语气有点儿缓和：“我也不是抱怨你们这些推销员的。我上次在别家公司进的那批货，跟你推销给我的产品一样，说实话，那质量问题，我真不敢恭维。”

“让您受损失了。”吴天礼貌地回答。

“受损失倒是其次，关键是员工不满意啊，你想啊，我们这是给员工发福利，理应让员工高兴，可是发下去后，大家都埋怨，说那产品用过后如何如何不适。我给那个推销员打电话时，先是不接，后来他的手机干脆关机，你说我还敢相信这些上门推销的人吗？没买之前，说得天花乱坠，钱到手后就消失了，哪管我们客户的感受。”客户说到这里，看看一旁安静听他讲话的吴天。

此时的吴天微笑着，听得非常认真，见客户看他，他礼貌地用眼神示意客户讲下去。

“但员工还是希望，以后公司再发类似的福利时，产品质量可以好

一点儿，哪怕价格高一些也无所谓。”客户意味深长地说，“现在上门推销的人多，但都不负责任，我们都想了，实在不行，去商场买，虽然多花钱，但起码质量上出问题了，能够找到人。”

吴天已经从客户说的话中听出了“成交”的苗头，原因如下。

一是客户需要这方面的产品，但要保证质量；二是客户不满的是售后服务；三是客户要的是一个“安全”感。知道了客户的真实意图后，吴天从以下三方面向客户保证：

第一，在价格不涨的情况下，能保证产品质量；

第二，把自己的手机号和公司客服电话留下，并承诺货到后只收一半的钱，等客户的员工认可了质量后再付剩下的一半，若客户的员工不满意，全部退货；

第三，客户若是对推销员的服务不满意，可以打公司的投诉电话，到时在产品没有用过的情况下退货。

有了吴天这些承诺，客户在考虑了一周后签了单。

言为心声，人的表情能够伪装，但声音却无法掩饰其内心的真实想法。在销售过程中，销售员要想“猜”出客户真实的想法，就得促使客户多讲话，把自己当成一名听众，知道客户的想法后，再针对客户需求推销产品，让客户觉得是自己在选择，按自己的需求在购买，这样的方法才是高明的推销方法。

我们一定要记住，强迫销售和自夸的话只会让客户感到不愉快，必须有认真听取对方意见的态度，不要中途打断对方的讲话而自己抢着发言。必要时可以巧妙地附和对方的讲话，有时为了让对方顺利讲下去，也可以提出适当的问题。

几年前，我跟业内一位销售精英聊天时，他对我说：“做销售弥补了我的性格缺陷。”

原来，他从小性格就内向，不敢在生人面前说话。做销售后，他的这种性格竟然起到了重要作用。当他聚精会神地听客户“滔滔不绝”地讲话时，他心里记下了客户无意中说出的许多宝贵信息。

“闻其声，辨其人，识其心。还要记住，当客户说话时，我们的眼睛要给予积极的配合。”他总结道，“这是我做销售做得好的秘诀。”

与客户接触，不能仅仅听文字上的话，还要善于“听音”。

听人的声音，辨识其独具一格之处，这样能做到闻其声而知其人，进而了解客户内心的真实想法，那么与之沟通就有的放矢了。

实际上，客户说的任何一句话，只要我们认真去听，都可能听出某些道理，不可能毫无价值。但是，我们常常不在乎这些道理，却斤斤计较于对方表达时的态度和语气。换句话说，我们不认真听客户在讲什么，却十分介意对方是怎么讲的。

事实上，客户的很多心思，都是通过“说话”暴露给我们的。越对我们有用的话，越容易引起我们的反感，所以，我们要耐着性子，仔细地去听。

听话听音的学问，我们可以从下面这个历史故事中获得启示。

宋太祖即位以后，手握重兵的两个节度使突然起兵反对朝廷。为了平息这场战争，宋太祖经历了很长时间的艰苦斗争。

这件事带给宋太祖很大的警示，他找到宰相赵普商量对策。赵普说：“藩镇权力太大，就会使国家混乱。如果把兵权集中到朝廷，天下就会太平无事了。”

赵普的话，坚定了宋太祖削弱地方诸侯兵权的决心。

几天以后，宋太祖在宫里举行宴会，邀请了石守信、王审琦等诸位元老。喝过酒后，大家开始无话不谈。

宋太祖说："没有大家的帮助，我不会有今天的一切。但是，你们不知道，做皇帝也有许多苦衷啊，有时候还不如你们自在。说实话，我已经好久没有睡过安稳觉了。"

几位将军知道宋太祖话里有话，就询问其中的缘由。宋太祖接着说："人们都说高处不胜寒，我站在很高的位置上已经感觉到寒意了。"

宋太祖的话让石守信等人大惊，他们这才知道宋太祖是担心有人篡位。为了表示忠心，他们急忙跪倒在地，向宋太祖发誓，自己是何等地忠于他。

宋太祖摇摇头说："你们和我南征北战，我自然信得过。但是如果你们的部下为了攫取高位，把黄袍披在你们身上，会出现什么情况呢?"

石守信等人听到这里意识到大祸临头，他们只得求饶："我们愚蠢，没有过多考虑，请陛下给指条明路吧。"

接着，宋太祖让他们做地方官，添置足够的房产安度晚年，最终消除了大家的兵权。

石守信等人从宋太祖的谈话里，听出了他对皇权的担忧，以及杀机四起的危险，于是他们主动让出了兵权，保全了性命。

这就是历史上著名的"杯酒释兵权"，石守信他们能够交出兵权，是因为他们都有能听出宋太祖弦外之音的智慧。同理，与客户交往，销售员也不能只注重表面的言辞，而要听懂客户的话外音，才可以准确地拿捏客户的心理。

声音诠释客户内心的一种表情。这是因为，从本质上说，声音会随内心变化而变化，并时刻反映出人们的心境。所以，可以从语音的高低、强弱、快慢、粗细等特征，来判断客户的真实意图，见表 4-3。

**表 4-3　通过客户的声音判断客户的真实意图**

| | | |
|---|---|---|
| 1 | 内心平静，声音也会心平气和 | 客户说话不紧不慢，代表他内心平和，成竹在胸。与他们打交道，一定要循序渐进，不可冒进 |
| 2 | 内心清顺畅达时，就会有清亮和畅的声音 | 客户心里没有烦心事的时候，他们的声音也会清丽动人。这时候你与他们谈生意，会事半功倍 |
| 3 | 说话速度快的人，大多都是能言善辩的人 | 这种人思维缜密，头脑反应快，因此他们会在口头表达上非常流利，声音气势如虹。这说明他们内心把所有问题都考虑清楚了，没有任何疑虑 |
| 4 | 说话速度慢的人，则较为忠厚、实在 | 说话不紧不慢的客户，内心比较淡泊，不会为了私利失去底线。与这样的人合作，往往没有负担和忧虑，因为他们往往能真诚待人，少了斤斤计较的盘算 |

## 6. 辨别真伪，通过客户言谈洞察其心机

几年前，我的一名学员在“通过言谈识别客户的心机”这个主题上分享了他的亲身经历。

去年六一儿童节那天，我和爱人带着孩子到公园去玩，一个年轻女孩拿着一些宣传册走过来，她一边把手里的宣传册强行塞到我和爱人手里，一边滔滔不绝地讲了起来。

她的语速很快，让我和爱人插不上一句话。

等推销员说完后，不等我们表示，又说道：“大哥大姐，现在我们公司搞特价，你们买的话能打七折。”

我和爱人面面相觑，别看她讲了半天，我们听完后也没办法搞明白，她让我们买的是什么产品。

这时孩子吵着要走，我和爱人敷衍了推销员几句话，就离开了。

晚上回家后，爱人闲来无事，打开带回家的宣传册，看过后对我说：“今天那个推销员，原来是推销环保玩具的。我们不是早就想给孩子买吗?”

“她说得那么快，不让我们说话，谁知道她要说什么?”我说，“咱们还是在网上买同款的玩具吧。”

一名优秀的销售员，从来不是一个健谈者，而是一名合格的听众。耳朵才是通向客户心灵的路。客户是否接受你推销的产品，都会毫不保留地说出来。这是因为，作为买方的客户，买不买产品，纯属自愿。如果你是一个好的倾听者，他们会毫无保留地把真实的话讲出来。

十几年前我曾经听过一个金牌销售大师的课，他说的一句话让我至今都忘不掉。他说："我们做销售的，要以'听'为主。等客户问你时，你再回答。这种互动给客户的印象最深，同时对你讲的产品更能在意。碰到不爱说话的客户，你要善于用话来引导他们说话。要注意的是，在跟客户沟通的过程中，销售员谈话时间不能超过2/5。"

小石是某公司的业务员，他跟了一个潜在的大客户半年多，但这位客户就是迟迟不下单。一天，这位客户约他见面。见面后，小石没有像以前那样催客户签单，而是带着客户去工厂参观了生产车间，接着带他又到各个部门看了看。

小石心里明白，客户是想看看我们公司的实力。

中午一起吃饭时，小石依然没有提签单一事，而是听客户讲自己为什么对产品质量要求高，他讲了很多，从他的第一桶金到现在创办的公司。

"我的公司在十年前险些破产，就是因为进的一批货有问题。事后我去过那家公司，原来是一个黑作坊。从那以后，我再也不敢轻易相信在电话里向我许诺的推销员的话了。"客户说道。

小石静静地听着，当他从客户的话中听出客户的担忧后，心里暗喜。

"这次他看过我们公司的规模和实力了。"小石想，"应该放心了。"

果然，当客户讲到小石他们公司的产品时，开始侃侃而谈，整个气氛很愉快。

中午吃完饭他们一回公司，客户就让小石做一份报价单，做好报价后，客户直接确定数量，当场付了定金。

在销售过程中，尽量促使客户多讲话，自己甘愿当一名听众，并且必须有这样的心理准备，让客户觉得是自己在选择，按自己的意志在购买，这样的方法才是高明的销售方法。

作为销售员，我们必须有认真听取对方意见的态度，不要中途打断对方的讲话而自己抢着发言。必要时可以巧妙地附和对方讲话，有时为了让对方顺利讲下去，也可以提出适当的问题。

这就好比我们去医院看病，医生必须倾听我们到底哪里不舒服，都有什么状况，才能给我们对症下药，这样才能药到病除。如果医生不好好听我们说话，很可能就不知道我们到底是什么病，这样就会耽误治疗。

做销售员，你要学会当听众。在倾听的过程中，销售员要分清主次，着重把握客户语言中的问题点、兴奋点、情绪性字眼，这样才能更好地了解客户的所思所想。

当我们在拜访客户时，与客户最好的沟通，就是做一名忠实的听众，多听少说。即使到了非说不可的地步，也要说得到位。

一位朋友公司的销售总监，他的销售业绩一连四年每年都在300万元以上。他的故事经常被我朋友带到我们喝茶交流会上分享。

这位销售总监性格外向，口才好，在公司里很活跃。刚来公司时，他为了管住自己的嘴，每次跟客户沟通时，他会事先做好拜访前的准备工作。

一次，他被公司派到山西见客户。出差前，他先是对客户的企业进行了详细的了解，例如客户方的采购负责人、决策者、该企业的市场销售情况、该企业的资信情况，甚至对企业是哪一年创办的、企业的巅峰时刻等，都了解得很详细。

知道了这些情况后，他在见到客户时，一旦出现冷场，他会用简短的话来引出话题，而且大多是客户喜欢讲的话题。

拜访客户时，我们要想让自己做一名好听众，就得有明确的拜访目的。这样才能让你在跟客户交谈时，不会喧宾夺主，夸夸其谈。

另外，在跟客户谈话时，要结合客户的实际，谈具体的问题。最好尽量让客户说话，自己做一个忠实的聆听者。通过客户的嘴，了解客户的心，同时还要善于听客户的"弦外之音"，做到心有灵犀一点通。

在跟客户交谈中，营造融洽的会谈氛围也很重要。所以，客户无话可说时，销售员要主动向客户提问，想办法拉近与客户的距离。销售员的最终目的是实现销售，满足客户的需求。

人们常说，沟通创造价值。销售员耐心听客户讲话的过程，也是双方不断沟通的过程。其中沟是手段，通是目的。通就是客户被你影响了，甚至达到了你的销售目的。总之，在跟客户互动时，要尽量让客户多讲，你多听。

## 7. 听声识人，从客户言谈中了解信息

我们通过交流了解客户的资讯时，问完客户一个问题，要以专注的态度倾听对方的回答。这样既让客户有一种被尊重的感觉，又能让客户把宝贵的信息吐露出来。所以，我建议我们做销售的，要有目的地问话，并学会“听”的策略。

上帝给了我们两只耳朵，一个嘴巴，就是要我们多听少讲。销售员一定要记住，倾听是跟客户有效沟通的重要因素。千万不要在客户面前滔滔不绝，完全不在意客户的反应，结果平白失去了发掘客户需求的机会。

刘军是某公司销售部门的副总，他做推销员谈的第一笔生意，就是在跟一位顾客交谈时获得的。

一次，刘军在跟顾客聊天，顾客无意中说道：“你们公司新生产的这种设备，我朋友去年就买过，价格比你们的还便宜。但因为质量不好，我那朋友退货了。现在他正在为买不到质量好的设备犯愁呢。”

刘军深感意外，他进一步问顾客，才知道，他们公司新生产的这批货之所以不好卖，是因为去年那家公司产品质量不好，才影响到他们公司这批产品。

有了这个突破口，刘军在向顾客推销时，会强调产品的质量，并且

做出产品有问题会给予赔偿的保证。

那次交易，刘军不但让顾客买了一套他推荐的设备，还让顾客把朋友介绍了过来。

这件事让刘军明白，在倾听顾客说话时，要多留意他们说的每一句话。任何一位顾客，只要他愿意跟你说话，就说明他有跟你合作的意向。

“现在这个时代，大家都很忙，若顾客不打算买你的东西，你就是说尽好话，人家也不会在你这里浪费时间的。”刘军总结说。

优秀的推销员有时就像优秀的医生给人看病一样，在确定病人的病情前，优秀的医生一定会问病人许多问题。例如，“你什么时候开始感到背部疼痛?”“那时你正在做什么?”“有没有吃了什么东西?”“摸你这个地方会痛吗? 躺下来会痛吗?”“爬楼梯的时候会痛吗?”……我在培训时经常和学员一句一句解析这些销售技巧。

把推销员比作医生，可能很多人都不理解，觉得推销员哪里能跟医生比啊，病人对医生，那可是言听计从。而顾客对待我们，是唯恐避之不及。

有句话叫“万变不离其宗”。社会上的很多行业都善于借用问问题来收集客户的一手资料，最后达到高效成交的目的。

下面这个故事中的主人公，是从推销鞋油起家的一位民营企业家。

一次，他在大街上免费给人们擦皮鞋时，一位大叔问他：“小伙子，你能猜出我这鞋子的牌子不?”

他认出大叔穿的是国内的某牌鞋子，就随口回答了。

“小伙子好眼力。我看你刚才擦了产品后，让我的鞋子像新的一样。看来，你们公司的产品确实不错啊。”

他立刻来了精神，针对大叔的皮鞋，他小心翼翼地问：“之前您擦的什么产品?”

“用那种产品后，鞋子出现了什么状况?”……

大叔很认真地回答他的问题，那一刻，他觉得自己真的像是医生和病人对话一样：一个耐心听，一个认真说。

他终于悟出，用医生的口吻和客户沟通，这些问话能使客户像病人那样，觉得受到了医生的关心和重视，也使他乐意跟你密切配合，让你能够迅速找到“病”源而对症下药。

由此来看，在销售过程中把自己当成医生，为客户把脉后对症下药，你的销售就能做到更和谐、更高效。所以，销售员在跟客户沟通时若能够扮演好医生的角色，也会使客户愿意密切配合，进而迅速发觉客户真正的需要而适时地给予满足，这才是一名卓越的销售员必备的特质。

我一直认为，一名优秀的销售员，首先是一个会察言观色的人，他能够从客户言谈中“听”出宝贵的信息。你可以从客户以下表现中来识别客户的潜在信息。

## 客户向你认真地了解产品信息

购买意向较强的客户会认真、仔细地询问产品信息，表现出拥有产品的设想。

## 客户在意产品的质量问题

客户问：“要是产品出现质量问题，能不能给退货?”我们可以从客户上面的言谈中透露出的信息，发觉客户的购买意向。

## 客户在你面前夸其他产品好

“我朋友说某某车很实惠，看起来还不错”“我同学买了这件衣服，穿上去看起来很修身”等，这些话中都能流露出客户的购买意向。

除此以外，销售员还要多观察客户的表情、动作。比如，客户拿出计算器计算价格；销售员介绍产品优点时，客户点头微笑，认真研究产品和产品资料，询问细节上的一些问题；等等。客户的这些态度的转变，都说明客户正从观望期向购买期变化。这时，你要做的就是多配合客户。

第5章

# 有效提问，在一问一答中取得主动权

- 1. 有的放矢，向客户提问要有目的性
- 2. 提问有方，在对话中把握成交信号
- 3. 巧妙式提问，激发客户的好奇心
- 4. 互动式提问，让客户有参与感
- 5. 开放式提问和封闭式提问，轻松打动客户

## 1. 有的放矢，向客户提问要有目的性

营销大师汤姆·霍普金斯说过：有效提问是营销人员与客户之间最重要的沟通手段，有技巧的提问可以令每一个销售员在工作中都能够达到事半功倍的效果。这是因为通过提问你不仅能够让客户感受到被人所关注的优越感，还能让你了解、确认客户的需求。

你能对客户有效提问，耐心倾听客户的回答，这就是在跟客户建立一种信任关系。那些销售冠军都非常讲究提问方式，并对于不同类型的提问方式运用得很熟练。

由于销售员的工作性质是把陌生人变成客户，所以销售员在把陌生人变成客户的过程中，提问环节相当重要。可以说，提问是引导客户成交的好方法，销售员在向客户提问题时，一定要做到有的放矢，也就是说，对客户提的每一个问题都要有目的性，这样才会让提问达到应有的效果。

田原是一家空调公司的金牌销售员，他从事销售行业近十年，有5次打破了公司的销售纪录。目前，他的个人销售量占公司总销售量的40%以上。

在谈到成交的诀窍时，他说道："我觉得我们做销售的在问客户问题前，要多思考，如你打算如何通过问题让客户了解产品，或者是通过

问什么问题，能让客户对你销售的产品感兴趣。这些事先必须想清楚，争取在向客户提问时，让客户在回答你问题的过程中对产品产生认同。”

他认为向客户提问的目的是要弄清客户的需求。接着，他提到自己问客户的话术。

第一步：有目的地提问：“您好！听说贵公司要购进一批空调，能否请您说一下您心目中理想的空调具备哪些特征？”

“我很想知道贵公司在选择合作厂商时主要考虑哪些因素？”

因为这种提问必须直接，所以通常客户会如实告之。

第二步：提让客户感兴趣的问题：“我们公司的产品在业内有口碑，您也是一个具有诚信的人，我们公司特想和您这样有诚信的客户保持长期合作，请问您对我们公司及公司的产品印象如何？”

他问这个问题的目的，既为自己介绍公司及产品做好铺垫，又能引起客户对自己所在的公司的兴趣。

第三步：站在客户需求的立场上提问题，这样有助于他对谈话局面的控制：“您是否可以谈一谈贵公司以前购买的空调有哪些不足之处？”

“那么您认为造成这些问题的原因有哪些？”

“假如我们的产品能达到您要求的所有标准，并且有助于贵公司的生产效率大大提高，您是否有兴趣了解这些产品的具体情况呢？”

第四步：有目的地促进交易完成。

“您可能对产品的运输存有疑虑，这个问题您完全不用担心，只要签好订单，一周内我们就会送货上门。对了，您打算什么时候签订单？”

第五步：这个问题奠定双方长期合作的基础：“如果您对这次合作满意的话，您会在下次有需要时首先考虑我们，对吗？”

从田原精心设计的提问中，我们可以发现，他提出的每一个问题都具有目的性，会让客户不由自主地跟着他的思路来回答问题。

有经验的销售员在跟客户沟通时，对客户的任何提问都会紧紧围绕着特定的目标展开，因为问题简短而有针对性，不会让客户的思路天马行空，不着边际。由此来看，与客户沟通过程中的一言一行都要有目的，这样你才会从客户那里获取想要知道的信息。

所以，销售员在约见客户之前，必须做准备工作，你问客户的每一个问题，都要针对最根本的销售目标，同时根据实际情况将销售目标进行逐步分解，然后根据分解之后的小目标考虑好具体的提问方式。这样提出来的问题，能够让你循序渐进地实现各级目标。

一般来说，销售员向客户提问题要达到以下目的。

### 通过提问得到你想要得到的客户信息

最常见的目的之一就是通过提问获得我们需要得到的信息。通过分析这些信息，我们能够更好地了解客户的一些状况，为我们下一步营销做好基础。

### 通过提问来判断客户是否有这方面的需求

通过提问我们能够了解到客户是否对我们的产品有需求，这是我们提问的最重要的目的之一，因为如果客户没有需求，我们就是在浪费时间，如果有需求我们才有必要进行继续的跟踪。

### 通过提问引发客户对你销售的产品的思考

提问的方式最容易引发别人的思考，同样我们通过提问能够引发客户的思考，当客户深入思考我们的问题时，其实就是间接地灌输我们一些产品或服务的时候，通过引发客户思考得出来的结论，往往比我们给他的结论更加有效，更加让人信服，因为这是他自己的结论。

### 通过提问让客户对我们加深印象

我们在会见客户的时候，如果只是简单地聊聊天儿就走了，那么客户很可能对我们没有任何印象，如果我们提了一些非常有意思的问题或者非常有用的问题，客户肯定会对我们的印象进一步加深，客户能够加深对我们的印象，就有助于我们进一步成交。

### 通过提问让客户发现公司的产品与其他产品的不同

通过提问让客户了解我们的产品，并且能够成功与其他竞品进行区分，进一步巩固我们的产品在客户心里的地位，让我们的产品占据客户的心智。

## 2. 提问有方，在对话中把握成交信号

有经验的销售员，都会在跟客户的对话中，发现一些购买信号，然后迅速地抓住此动机，达到成交目的。可以说，客户流露出的购买信号，是成交的临界点，如果把握不好，就会错失成交时机。

唐哲做销售半年了，业绩一直不太理想。唐哲性格外向，开朗热情，能说会道，按说是很适合做销售的。

在平时工作中，唐哲的表现也不差，他跟客户的通话时间比其他同事都长，每次都是快跟客户签单时，客户就变卦了。为此，销售总监找唐哲谈话，唐哲如实说道："我在跟客户沟通时，严格按照公司培训时教的那样一步步去提问的。开始时客户也乐意配合，可不知道为什么客户一谈钱就消失了。"

总监分析后发现，原来，唐哲虽然是按照培训教的技巧来和客户沟通的，但他却不知道变通。例如，按照公司的培训，在提出第三个问题时客户才有购买的信号。可是唐哲有时问到第一个问题时，客户的回话信息里就有了购买信号。但唐哲还是按部就班地问下去，最后导致客户不耐烦。还有的时候，他问了客户一堆问题，仍没有得到任何有效信息，是因为客户对他教科书式的提问反感了，没有认真来回答他。

虽然准备工作很充足，但唐哲失败的地方就是在跟客户沟通的时候，没有学会见机行事，因为问题是一样的，但客户却不一样。也就是说，唐哲没有按照实际情况改变提问方法和提问内容，所以和客户的沟通不在同一频道上。

其实，善于提问的销售员会根据不同的客户制定不同的提问方式，这样才能够做到提问有方，在与客户进行沟通的过程中问的问题越多，客户就会答得越多；答得越多，销售员获得的有效信息就会越充分。

那么，在销售过程中，销售员如何才能合理提问、直切要害、戳中客户痛点呢？大家不妨按以下三个步骤尝试一下，见表5-1。

**表5-1　销售员提问有方的三个步骤**

| | | |
|---|---|---|
| 第一步 | 陈述一件无法被反驳的事实 | 第一个问题：金总，您知道的，文件打印在各行各业都是必不可少的 |
| 第二步 | 陈述可以反映出自己经验与创造出信任感的个人意见 | 第二个问题：依我的经验，有不少公司并不重视他们文件的品质与成本控制，因此他们未意识到每一份他们所打印的文件送到客户手上时，其实都反映了公司的形象与品质 |
| 第三步 | 提出一个与前两个主题吻合，且可让客户尽情发挥的问题，让客户深思 | 第三个问题：您怎么知道贵公司的文件打印质量是不是确实反映出贵公司的商业品质？ |

## 3. 巧妙式提问，激发客户的好奇心

销售员在诉说的时候，需要采用一些询问，同时，通过巧妙的设问，让客户慢慢进入销售员的销售思维圈。例如，“价格是很重要，但质量更重要的，您说对吗?”答案是肯定的。诸如此类的问题多了，客户点头的次数也多了，那么他们已经在不断地接受销售员的推荐了。

这类问题，有助于把客户的思路引导到销售员要推荐的焦点上，避免客户在其他地方分心。询问句式建议采用闭合式，这样可以让客户更好地选择，同时也减少许多不必要的麻烦。

好奇心是人类的天性，是人类行为动机中最有力的一种。如果客户对“你是谁，你能为他们做什么”感到好奇，你就已经激起了他们的好奇心。相反，如果他们一点也不好奇，你将寸步难行。

方辉是某销售公司的副经理。一次，一位跟公司合作一直很愉快的客户，提出跟他们解除合作关系。这令他十分惊讶。因为这位客户是他刚进公司时谈的，可以说是“老铁”了。

为了弄清楚原因，方辉特意登门拜访客户。

在方辉的追问下，客户才讲了实话。

原来，自从方辉升任副经理后，他的客户大部分分给了手下员工。这些新来的销售员在跟老客户沟通时，会根据公司提供的沟通技巧向客

户提问题，以此方式来抓住销售的控制权。

他们的问题都是：“我们可以帮您省钱，您是否有兴趣？”

“这就是您想要的一款吗？”

“您的企业还需要什么产品和服务？”……

客户对方辉说：“隔段时间就接到你们公司的这种电话，让我不胜其烦。我觉得他们这些问题大而空，根本不能给我们提供有效方案。而且你们公司后来的产品服务跟不上，我们交完钱你们的销售员态度马上跟以前不一样了。”

从方辉的客户反映的问题来看，销售员要想跟客户成交，必须向客户提出高质量、有效率的问题，才能向潜在客户展示公司的资历及专业水平。例如，如果是卖广告的销售代表，你的问题需聚焦于潜在客户的目标及挑战，而不是中规中矩地问对方：“请问您有怎样的广告计划，预算是多少”等。所以，销售员要更深入地了解客户，巧妙提问，尽量让客户回答你的问题，从而提出更具吸引力的方案。

德国物理学家沃纳·卡尔·海森堡曾经说：“大自然从不轻易泄露自己的秘密，她只会对我们的提问做出回答。”这个道理同样也适用于销售过程中。客户一般不会自己说出自己的真实需求，这就需要销售员掌握察言观色的技巧，同时还必须学会根据具体的环境特点和客户的不同特点进行有效的提问，尽量让客户回答我们的问题，让销售员能够更多地了解客户的需求，进而达成交易。

其实，销售就像开车：问题的提出者是司机，控制着销售过程的方向，而问题的回答者就是车上乘客。遗憾的是，很多销售员错误地认为，只要他们按照沟通技巧问了，就一定能够让客户顺着自己的思路回答问题，并能促使潜在客户做出决定。然而，随着现代商业竞争的加速，很多客户的见识都变得越来越广，你的一些问题会让客户越来越怀疑，导致客户不停地对你发问。

一旦客户反客为主地问你问题时，他就控制了整个销售过程，让你在此次交易中变得非常被动。所以，在提问过程中，销售员可以从以下几个方面来提问，见表5-2。

**表 5-2 激发客户好奇心的提问方式**

| | | |
|---|---|---|
| 为客户提供新奇的东西 | 人们总对新奇的东西感到兴奋、有趣，都想“一睹为快”。更重要的是，人们不想被排除在外，这大概可以解释为什么人们对于即将发生的公告信息总是那么“贪得无厌”，所以销售员可以利用这一点来吸引客户 | 例如，销售员可以问：“近期，我们公司将召开一次大型会议，会上有很多利好消息要公布。这一年，你发展得好不好，这场会起到关键性作用。” |
| 不给客户提供全部信息 | 很多销售员花费大量时间来满足客户的好奇心，却极少想过设法激起客户的好奇心 | 例如，销售员可以说：“我们公司此次的新产品，不但把您上次提到的问题解决了，还加入了一些新的元素，相信会给您带来意想不到的惊喜的，具体情况，您得亲自看样品。” |
| 向客户提出刺激性问题 | 人们总是对未知的东西比较感兴趣。而提出刺激性问题会使客户自然而然地想知道到底是什么 | 例如，销售员可以问：“我能问个问题吗？”人们除了对请教的问题感兴趣外，还有好为人师的自然天性，所以，客户会很自然地回答：“好的，你说吧。” |
| 利用群体趋同效用 | 在拜访客户时，客户往往会提前做准备，向你提出很多常见并棘手的问题，而且想通过你的回答获取更多信息 | 例如，销售员可以说：“这个问题对我们来说很常见，同样我们会从专业的角度解决这个问题。在此之前，我已经为许多客户解决了这些复杂的问题。” |

最后要提醒的是，销售员在拜访客户时，要根据不同的拜访方式，采用不同的策略来激发客户的好奇心。

## 4. 互动式提问，让客户有参与感

说到参与感，小到孩子做游戏，看他们跟小伙伴玩游戏时投入和快乐的样子，就知道参与感的重要性了。或许游戏本身并非特别好玩，但孩子对游戏投入了感情，亲身体验了，就会乐在其中。对于客户来说也是同样的道理，在推销产品时，想办法附和他们，让他们多讲话，就会或多或少地让他们投入一些感情，这样就有助于后续的沟通了。

“参与定律”是非常符合人们的心理需求的。人人都有一种渴望成功的心理，而当被给予机会参加到决策或者是创造中来的时候，每个人都会渴望自己的意见得到重视，自己的行动获得成功，因此他们往往会采取积极的行动来支持、配合和执行公司的计划与部署。

那些营销做得比较好的企业，无不是利用了客户的“参与感”。例如，商家的购物抽奖、买一赠一，或是销费到多少钱赠送价值相应的礼物，这些游戏其实客户的胜算都不大，但客户的参与感非常强，都会很愿意参与的，每个人都会支持他亲自参与的活动或创造的事物，参与是支持的前提。只有亲力亲为，客户才会心甘情愿地为其操心。

小米公司联合创始人黎万强写有一本介绍小米成功经验的书，书名叫《参与感》，说小米与用户做朋友，让用户成为粉丝，让粉丝参与产品开发，让粉丝成为专家的所谓的参与感。小米的成功有参与感发挥的作用，这是毫无疑问的。说到底，一件产品真正吸引人的只可能是性价比，而参与感则是一种推动力，一个助力。

对于推销员来说，让客户具有参与感，有很多方法。其中，最便捷和实惠的方法，就是巧妙地打开客户的心扉，让他多讲话，前提是，你如何做到让客户愿意听你的话。

有个老太太看到路边有卖苹果的，她没有打算买，就上前习惯性地问："你的苹果怎么样啊？"

商贩回答："你看这苹果又大又新鲜，保证很甜，特别好吃。"

老太太摇了摇头，没有说话，就向前走去，又看到一个卖苹果的，就问道："你的苹果怎么样？"

这个商贩回答："我这里有两种苹果，请问您要什么样的苹果啊？"

"我要买酸一点儿的。"老太太说出了自己的需求。

商贩立刻指着旁边的苹果说："我这边的苹果又大又酸，咬一口就能酸得流口水，请问您要多少斤？"

"来一斤吧。"老太太买完苹果继续在市场中逛，看样子她还想再买一些东西。

这时她又看到一个商贩的摊上有苹果，这些苹果又大又圆，很扎眼，便问水果摊后的商贩："你的苹果怎么样？"

商贩说："我的苹果当然好了，请问您想要什么样的苹果啊？"

老太太说："我想要酸一点儿的。"

商贩说："一般人买苹果都想要又大又甜的，您为什么会想要酸的呢？"

老太太再次道出自己买苹果的真实原因："我儿媳妇怀孕了，想要吃酸苹果。"

商贩一听，称赞道："老太太，您对儿媳妇真体贴，您儿媳妇将来一定能给您生个大胖孙子。前几个月，这附近也有两家要生孩子的，总来我这儿买苹果吃。您要多少？”

“我再来二斤吧。”老太太笑得合不拢嘴了，便又买了二斤苹果。

商贩一边称苹果，一边向老太太介绍其他水果：“橘子不但酸，而且有多种维生素，特别有营养，特别适合孕妇。您要是给您儿媳妇买点橘子，她一准儿很高兴。”

“是吗？好，那我就再来二斤橘子吧。”

“老太太，您人真好啊，现在像您这样的婆婆真不多见了，您儿媳妇摊上了您这样的婆婆，真是有福气。”商贩开始给老太太称橘子，嘴里仍然不闲着。“我每天都在这摆摊，水果都是当天从水果批发市场批发回来的，保证新鲜，您儿媳妇要是吃好了，您再来。”

“好的。”老太太被商贩夸得那叫一个高兴，提了水果，一边付账一边痛快地答应着。

同样是卖水果的店主，但因为他们跟顾客说的话不同，得到的结果自然也不同。第一个店主都没有让老太太说第二句话，第二个店主稍好，套出了老太太的购买需求，总算让她买了一斤，而第三个店主最高明，他先巧妙地探出老太太购买水果的原因，接着针对老太太的性格，用话引出老太太心里想说的话。就这样，老太太说的话越多，她透露的信息就越多，最终让她不但买了其他水果，还让店主拉回一个回头客。

作为销售员，要懂得如何巧妙地用问题来引导客户，让客户尽情地诉说，自己集中精力地去倾听，并站在对方的角度全面了解对方所说的内容，了解客户的想法和需要。记住，客户在跟你讲话时，说明他已经认可了你的话，所以才参与进来的。一旦增强与客户的互动，会让他们更有参与感。

销售员要熟知客户的购买动机，善于掌握展示与介绍产品的时机以接近和说服客户，创造成交机会，甚至与客户成为朋友，促进潜在客户的形成。这就需要销售员懂得巧妙附和客户。下面提供几种能激发客户参与感的方法。

## 引发客户的兴趣

向预计购买者说明本商场商品能够满足他们的需要以及满足的程度是唤起注意、引发兴趣的主要方法；对商场的货品经常性地做一些调整并不断地补充新的货品，使客户每次进店都有新鲜感；营造新颖、有品味的小环境吸引客户；当店内客户较多时，选择其中的一位作为重点工作对象，并对其提问进行耐心、细致的解说，以引发店内其他客户的兴趣。

## 获取客户的信任

对企业产品的信任可进一步导致购买者做出购买决策，销售员为获得客户的信任，应如实提供客户所需了解的相关产品知识。谈问题时，尽量站在他人的角度设身处地考虑具有很强的说服力。尊重客户，把握其消费心理，运用良好的服务和专业知识使客户在尽短的时间内获得作为消费者的心理满足。在与客户交流时，有效地运用身体语言（如眼神、表情等）传递你的诚意。介绍产品时，以攻击其他同类产品的方式获取客户对自己产品的信任，其结果只会适得其反，甚至使客户产生反感的情绪。

## 了解客户对产品的要求

销售员在与客户交谈时，可以从购买动机、个人喜好、大概经济情况等方面着手了解客人的选择意向，从而有针对性地介绍商品。

## 抓住时机沟通

根据客户不同的来意，采取不同的接待方式。对于目的性极强的客户，接待要主动、迅速，利用对方的提问，不失时机地动手认真演示产品；对于踌躇不定、正在“货比三家”的客户，销售员要耐心地为他讲解本产品的特点，不要急于求成，容客户比较、考虑再做决定；对于已成为产品购买者的客户，要继续与他保持交往，可以重点介绍公司的服务和其他配套产品，以不致其产生被冷落的感觉。

## 引导客户来消费

在客户已对其较喜欢的产品有所了解，但尚在考虑时，销售员可根据了解的专业知识帮助他进行选择，告知此产品可以达到怎样的效果，还可以无意地谈起此类产品的消费群体的层次都比较高，以有效促成最终的成交。引导消费最重要的一点是销售员以较深的专业知识对产品进行介绍，给客户消费提供专业水平的建议。

## 处理好客户的意见

在销售工作中，经常会听到客户的意见，一个优秀的销售员是不应被客户的不同意见所干扰的。销售员首先要尽力为购买者提供他们中意的商品，避免反对意见的出现或将反对意见降低至最少。对于已出现的反对意见，销售员应耐心地倾听，如客户提出的意见不正确，应有礼貌地进行解释；反之，应以诚恳的态度表示感谢。

## 做好售后服务

售后服务是一个比售货还重要的环节，是企业与客户处理好买卖关系的重要一环，它能建立消费者对企业的信任感，不但可以加强商家与已购买物品的客户间的联系，促使他们成为“回头客”，而且老客户也能影响到新客户，开拓更广的市场。

## 5. 开放式提问和封闭式提问，轻松打动客户

所谓开放式提问，就是答案不限范围，完全放开。例如，“今天晚上咱去吃什么?”而封闭式提问，则是在一定范围内提问或者在题目中有预设答案。例如，“我们今天晚上是吃西餐还是中餐?”

那些销售能力强的销售员，都能够在客户面前对这两种提问方式运用自如。

我有个学员是公司的金牌销售员，他和客户沟通时，对那种很挑剔的客户，他会使用开放式提问：“我看您生活品质挺高，对商品要求也高，您觉得哪一种商品能够达到您的需求呢?”

如果他和客户已经就产品的问题交流了一段时间，彼此之间算是熟人了，为了控制讨论问题的时间，他会借机使用封闭式提问：“刚才您了解的这些产品功能，您满意吗?”

销售高手在使用开放式提问和封闭式提问时会分场合，比如，如果是初次跟客户接触时，他们会选择用开放式提问。因为这种提问不限定客户的答案，能给到客户最大限度的自我发挥，销售员会在客户的自由回答中捕捉到客户更多真实的观点和情绪，以便更加了解客户的喜好。

需要提醒的是，销售员在运用开放式提问和封闭式提问时，需要注意如下问题。

## 提问题时要不卑不亢

销售员一定要记住，向客户提问题时千万不要抢答。这需要你在提问题前就做好角色认定。你是提问方，客户是回答问题的一方。你提出问题后，要静静地等待客户回话。就好比有人用商量的口气询问你："您喝绿茶还是红茶?"不等你回答，对方就端来了红茶，这时你心里会不舒服，觉得对方不尊重你。如果你提问后抢答客户的话，客户也有同样的感受。

## 提问时不能连续使用封闭式提问

由于封闭式提问方式比较特殊，用不好会让人有压力。所以，不能连续使用封闭式提问，否则会让客户太有压迫感从而引起客户的厌烦。一般警察在审讯犯人的时候，经常会连续使用封闭式提问，这样是为了避免让对方谈及无关的信息并使对方产生被压迫感，突破对方的心理防线，让对方讲出实话。销售员一定要谨记不能连续使用封闭式提问。

第6章

# 拉近距离，销售的高级策略是情感营销

## 1. 真诚的赞美为你赢得客户的好感

我们都知道，销售员用赞美的话跟客户沟通，是获取客户好感的捷径，能够迅速拉近与客户之间的距离。但有些时候，你对客户说了很多赞美的话，他非但不领情，反而走开了。原因就是赞美客户的话没有抓住客户的痛点。

翁晴是某图书集团的销售员，她喜欢上门推销。

一次，他们集团新出版了一套少儿图书。她在一个居民小区做推销时，看到一对长相帅气的七八岁的男孩，从一楼的房间走出来，在小区里玩。

她来到一楼的那户人家门前，轻轻地敲了敲门，很快就有人来开门，还听到屋里的人责怪道："你们这两个丢三落四的淘气鬼，是不是又落下东西了。唉，什么时候都不让你们的老妈省心。"

门开了。

"太太您好，请问您的两位帅气聪明的公子是不是在上小学？"

"哦，是呀，你怎么知道？"女主人满脸狐疑地问。

"嘿，那么好学的两个孩子，我听他们一边走路一边还讲着他们今天学过的语文呢，其中一个抱怨说作文不好写。"

"噢，那是我的小儿子，他一提写作文就头疼。"女主人笑着说，

“可他又不喜欢看同类的作文书。”

“很正常的。”翁晴说，“我小时候和他一样，也不喜欢看作文书，但我跟他有两点不同，别看我是女孩，可我小时候也不听话，把爸妈给我买的作文书便宜卖给同学，你要问我为什么这么做？因为我写的作文很好，一直是班里的第一。”

“哈哈哈，你，你，是怎么学的，快进来跟我说说。”女主人热情地邀请翁晴进了门。

接下来的事情，不用我讲，你们也一定猜出了，女主人乐呵呵地给孩子买了翁晴推销的那套少儿图书。

翁晴之所以赢得客户的好感，是因为她赞美的话抓住了女客户的痛点，这个痛点就是赞美客户的孩子。即使翁晴此次不能顺利地拿到订单，但也多了一位潜在客户——既然女主人有两个正在上学的孩子，如果想买书给孩子，早晚会先找翁晴的。

但如果翁晴直接问：“太太，请问你想买一套美丽的故事书给孩子吗？”

女主人肯定会说：“不需要！”接着用力把门关上。

女主人在关上门的同时，翁晴就等于失去了一个客户。

由此可见，语言也是一门艺术。会说话的人，巧妙地调动听者的情绪，让听者兴奋起来，大声笑出来。这足以说明善说与不善说的区别。从这一点来看，会说话的人与说相声的人有着异曲同工之妙。

推销员话说得合适，不仅能体现出自身的专业和修养，还能够让别人很舒服地接受你的观点或意见，快速建立亲和力，使身边的人甚至准客户更愿意接近你。

有谚语说：“与人善言，暖于布帛；伤人以言，深于矛戟。”优秀的销售员会让客户的疑虑统统消失，秘诀就是他们一说话就有浓浓的爱意，让客户听后，感觉到他们简直就是能够帮助别人解决困难的“活菩萨”。

一次，一个客户来到储蓄所要开户，银行工作人员艾伯森照例让他填一些表。然而，客户是个怕麻烦的人，他很多问题都拒绝回答。根据储蓄所的规定，艾伯森有权向客户下“最后通牒”，但他没有这么做，而是笑着对客户说：“先生，你拒绝填写的那些资料，并不是必须要填的。”

客户得寸进尺：“我就说嘛，这些可以不填。”

“然而，”艾伯森礼貌地说，“假如你把钱存在银行，一直存下去，到你不需要的那一天，你一定希望把这些钱转移给有权继承的亲属吧？”

“是的，当然。”客户回答。

“难道你不认为，”艾伯森继续说道，“将你最亲近的亲属告诉我们，使我们在你有事的情况下，能够准确无误地实现您的愿望，这是一个好的办法吗？”

“是的。”当这个客户终于明白银行不是为难他，而是帮助他时，他立刻把资料全部填好，还另外开了一个信托账户。

艾伯森之所以能够说服客户，是因为他一开口，就让客户感受到了“满满的爱”。

我们要明白，作为推销员，在去走访每一位客户时，并不是要求他们购买产品，而是向他们介绍或推荐一种对他有用的产品，是为他们“服务”的，就像医生上门看病一样，是给患者解除痛苦、带去快乐。

所以，你要明白，无论你迈进哪个店面，都是店主的福气，因为你将给他带来一些意外的惊喜，你将给他带来便利或赚钱的机会。你手中掌握着公司的产品，对客户来说，你是光明的使者，是爱的天使，能给客户带来生活上的便利。

当我们明白了这个道理后，在向客户推销时，要尽量把话说得有爱一点儿，舒服一点儿。

资深销售员张海每次走访客户，都会送给客户一些自己设计的小饰品：有车钥匙挂坠；有贴在手机上的“心形”图案；有小孩子喜欢的彩贴、玩具气球、图画书等。无论什么饰品，上面都会写着：“××，我爱您，需要帮助时随时电我……”下面是他的手机号。

“您好，请收下我这份心意！”

当他带着这些礼物和微笑，走到每一个熟悉的或是陌生的客户面前，说出这句话时，脾气再坏的客户，都会忍不住好奇地跟他聊上几句。

碰到带着小孩的客户时，他会弯下腰，把心形的气球或是图画书放到他们手上，并说：“小朋友，一看你就是会玩的乖孩子！”“小朋友，你喜欢看故事书不？”

大量准客户是销售的基础，客户是我们的衣食父母。虽然客户最终买到的好像是有形的看得见的产品，但我们要让客户感受到他真正买到的，是我们的贴心服务、高度负责的态度和真诚的爱心，甚至独一无二的你！你就是品牌！向你购买就是有面子！就是身份！

下面再为大家提供几种赞美客户的方法。

## 借用转述来赞美

经旁人转述而来的赞美是更能令人高兴的。转述的赞美是双倍效果的赞美，比当面直接的赞美更有威力、更有意义。

## 真心实意的赞美

赞美同微笑一样，必须是出自内心的才能感动别人。真诚的赞美是实事求是、有根有据，被人们喜欢的。如果你能以诚挚的敬意去赞美一个人，那么那个人就会变得更愉快、更通情达理、更乐于与你合作。因此，销售员应努力去发现客户的优点，真诚地对其进行赞美并形成一种习惯。

### 因人而异的赞美

赞美虽然是一种比较行之有效的方法，但也不能太随意，赞美时应看准赞美的目标，避免冒犯客户。

### 具体热忱的赞美

以具体化的语言赞美客户能让客户感觉到你的真诚。例如："你那篇文章写得真好，特别是最后一个问题很有新意。""你这件衣服很好看，与你的发型很相配。""您的孩子长得真像爸爸，将来也肯定是个社会精英。""您的书架这么大，藏书一定很多吧？"

### 比较性赞美

单纯地赞美客户的某些方面，客户可能会不以为意，但如果你选择客户的某一个具体特点，与客户熟知的人中比他更成功的人做比较，突出赞美这个点，则会给客户留下深刻的印象，也会激发客户对你的亲近感。

## 间接性赞美

赞美他人时，并非越直接越好，有时间接的赞美更能打动人。例如，如果对方是位年轻的少妇，为了避免误会，不如赞美她的丈夫和孩子，这比赞美她本人还要令她受用。

## 2. 亲情式服务获取客户好感

所谓亲情式服务，通俗地讲，就是销售员对待客户，要像对待自己家人那样关心、爱护、牵挂，你在把客户当成亲人的同时，客户也会把你当成亲人。这就需要销售员在接近客户时，不能只为了签单，更多的是让自己的出现对客户有实质性的意义。

去过海底捞的朋友都会为海底捞极致的服务所折服，以至于当人们提到海底捞时，首先想到的是“服务”，然后才是“火锅”。

海底捞对每个顾客，不论贫富，不论身份高低，不论男女老少，都一样当作家人看待，一样给予无微不至的关心与体贴，提供一样周到的甚至被称为“变态”的服务。他们让每个来这里消费的顾客意识到了自己作为“家庭成员”所能享受到的温暖与感动，体验到了做家人的感觉。下面，我们看一下一些网友在海底捞享受亲情式服务的体会心得和感悟。

◎ 一个网友说一次在海底捞吃完饭，要赶火车却打不到的士。门口的小弟看到他带着行李箱，问了情况转身就走。结果紧接着海底捞的店长把自己的SUV开出来说：“赶紧上车吧，时间不多了。”海底捞要冲出宇宙了。

◎ 海底捞的服务无敌了！今天救天井小猫被蚊子咬了好多包！结

果海底捞服务员居然跑到马路对面买了风油精送给我……下面的是止痒药，也是服务员一起买来给我的，因为药店的人说那个止痒效果比风油精好。

◎ 海底捞居然搬了张婴儿床给儿子睡觉，大家注意了，是床！我彻底崩溃了！为顾客解决每一个问题，结果就是创新。

◎ 跟孕妇朋友去海底捞吃饭，刚坐下来，服务员就搬来舒服的沙发椅，专门提供给她哦。然后立刻又贴心送我们一盘酸辣口味的泡菜呀，要不要这么 Sweet 呀！！！（教主亲身经历）

◎ 刚接到朋友的电话，说他们单位楼下的海底捞跑到他们公司去，一人发了一杯酸梅汤，说天热辛苦了！海底捞，你是来消灭地球的吗!？人类已经无法阻止海底捞了!！以后看来找工作得选公司楼下有海底捞的地点，说不定加班还送夜宵外加送你回家。

◎ 点名表扬海底捞送餐员冯波同志，顶着寒风为十人送来丰盛晚餐，并餐布、插线板、垃圾筒、电磁炉一应俱全。来后发现餐点不够，主动要去超市买菜，回来后洗菜，切菜。做到这个地步了！怎么我们家附近就没有海底捞呢？

◎ 一小时前我发了微博说自己肚子很痛，不确定和昨晚的海底捞火锅有没有关系。没过几分钟就收到海底捞在微博上的邀请，询问我的情况。很快店员就联系了我，说如果很难受就先去看病，他们给报销医药费。还问我在什么地址，他们可以过来看看我。天哪，人类已经不能再阻止海底捞了……

◎ 昨天在海底捞，无意中跟朋友抱怨京东抢的奈良美智大画册怎么还没到货，结果服务员结账的时候问了我京东会员账户，今天一早三本大画册都送来了！

以上都是顾客对自己在海底捞就餐后的真实记录。从顾客的字里行间，我们能感受到大家满满的感动，并且毫不犹豫地相信，这些顾客不但会自己再次光临海底捞，还会带着亲朋好友去的。

正是海底捞亲情式的服务，才让海底捞赢得了餐饮业乃至整个企业界的齐声喝彩。历经20多年的发展，海底捞国际控股有限公司已经成长为国际知名的餐饮企业。

如果销售员能够像海底捞这样对待客户，那么一定会赢得客户的好感。

马军有一个联系了两年的大客户，每次跟他预约见面时，都会吃个闭门羹。马军没了办法，后来他听从领导的建议，决定以情感动这个大客户。

一次，马军从客户微信朋友圈得知他公司搬家，新办公室需要装修，就主动打电话询问。之前马军从事过室内装修的工作，想以此为切入点跟客户套关系。

马军打电话问道："高总，看您朋友圈要装修公司了，您公司要租的办公室位置，定下来了吗?"

客户一口回绝："不知道。"然后"啪"的一下就把电话挂了。

马军没有灰心，他从其他合作伙伴那里，打探到了客户高总新办公室的地址。马军决定把客户的拒绝当作邀请。

他用心地给高总发了一条微信，简单介绍了自己以前从事过装修行业，认识几家资质好的装修公司，然后把这几家装修公司的报价发给客户，还根据自己的经验，向他推荐了其中一家比较不错的装修公司，又免费做了一个平面布局和报价供他参考。

但高总没有理他。马军当天晚上直接打电话给高总，这次高总态度好多了，说写字楼已经租下来了，要等他出差回来后再定装修公司，接着在微信上给马军发了他出差在外的地址。马军立刻在微信上嘱咐对方注意安全，等他回来再联系。

几天后，客户出差回来后主动打电话联系了马军，说是接受了他的建议，选择了他推荐的那家装修公司。不过，他对所选择的装修公司提供的图纸并不满意。马军就旁敲侧击地问清了高总对装修的要求。下班后，他打车去了高总的新办公室，又和装修公司的人一起讨论、研究，重新设计了图纸。

马军利用两个通宵才把高总的图纸设计出来。

当马军带着图纸去见高总时，高总以为马军又向他推销产品，令高总想不到的是，马军没有跟他推销公司的产品，而是把自己按照高总的要求设计的装修图纸拿出来，高总惊喜不已，这个装修图纸太符合他想象中的样子了。

高总高兴地说："你太有心了，真是帮了我的大忙。今天我为了向你表示感谢，决定谈谈我们接下来要合作的事情。"

马军通过自己对客户雪中送炭式的关怀，逐渐赢得了客户的好感和信任，让客户把他当成了自己的家人。不过，在跟客户建立亲情关系时，要有原则和方法，尽量做到以下几点。

## 忘掉销售，才是最好的销售员

把销售任务先放到一边去，有意识地暂时放弃自己的销售员身份，把自己当作客户的朋友。当你模糊你和客户双方的身份界限时，在跟对方聊天时会比较自然、亲切，让对方很容易对你有好感——销售就是缔造关系——先有交情，后有生意。

## 了解客户的思维方式和生活趣味所在

销售员和客户之间的沟通障碍，90%以上是因为双方性格差距带来的思维方式和生活趣味差别造成的。所以和客户之间的沟通要从有效的问题开始，从了解客户生活的时代背景开始，从客户的亲身经历开始，逐渐导向当前客户的所思所想、对未来的展望……从而通过谈话对客户有一个全方位的了解和把握。

## 学会揣摩客户的心思

销售员可以通过不同方式来探索最适合的沟通方式。例如，送给客户小礼物他不高兴，就说明这个方法行不通，那就要尝试其他的方式。

## 真心赞美客户

真心的赞美不是讲奉承话，而是发自肺腑地给予赞美。如果赞美客户的眼光，或是对家人的关心等，会让客户对你产生好感。

## 尊重客户，向客户虚心请教

前面我们提到过，一定要尊重客户。人人都希望获得他人的尊重，客户也不例外。实际上，每个客户都有自己的劳动技能，有的还有其他特长，甚至是绝活。销售员要经常恭敬地向客户请教，这样会让客户的自尊心得到满足，因而对你产生好感。

## 3. 处处站在客户的角度讲产品

作为销售员，你要想的是：如何为客户解决问题，才能让客户满意。销售就是为客户服务，如果你只是想着：我要卖产品，那是不会受到客户欢迎的。客户都是独立的个体，都有自己的想法，在面对客户的自身看法及提出来的负面评价时，如果你只是一味地辩解与反驳，只会将客户推离。试着与客户站在同一角度，给客户以认同，反而会得到客户的信任。

优秀的销售员在跟客户沟通时，会处处站在客户的角度去思考问题。

小昆是售楼员，他有一个联系了差不多一年的客户，是一对中年夫妇。小昆带他们看的楼盘自己都记不清有多少了，可他们仍然在犹豫。一次，客户心仪已久的楼房开盘了，客户来后，小昆又热情接待了他们。

小昆像以前一样，耐心地给他们介绍，他们终于看上了一款房型，但他们仍然拿不定主意购买，提出再考虑一周。

一周后，客户来后对小昆说："我们一直在关注房地产市场，这段时间很低迷，真担心刚买房就降价，你也知道，房价要是降可不是几万元的事情。"

小昆微笑着说："我非常了解您的感受，房子的消费占我们老百姓消费的一大部分，包括我身边准备买房的亲戚朋友也都在纠结这个问题。这就好比我们到商场买东西，不需要的商品，再便宜再打折都不会买。但如果是需要的，如米、面和油，就是价格高也会买的，您说是不是？我知道您现在买房子是刚性需求，加上正好赶上活动了，优惠多，您现在不买，万一房价上涨了就太不划算了。”

客户觉得小昆的话有道理，当时就交付了首期款。

小昆能成交客户，是因为她跟客户沟通是站在客户的角度，首先她了解客户怕房价下跌的心情，因为她知道客户买房是刚性需求，所以，她站在客户角度讲时更能打动客户。

销售员必须认清，你与客户之间是单纯的交易关系，需要双方从中都获益，这才是愉快的交易。优秀的销售员都不会把“产品卖出去”放在第一位，他们最先考虑的是，怎样走进客户的“心”？当然是站在客户角度去说了。

那么，如何才能站在客户的角度呢？先让客户感受到你的友善，知道你是来为他解决问题的。不能没有底线地让步，这会让客户怀疑你的报价，对你的诚信也就持怀疑态度了。真正质量好的产品，不是以降价来取悦客户。客户想要的也不是这种感觉，而是切切实实能创造价值的产品。所以，销售员对客户进行情感营销时要做到以下几点。

## 让客户明白产品是自己的必需品

很多销售员在介绍产品时总是着重于产品的功能，以此来获得客户的认可，殊不知，客户想要的并不完全如此。加强产品对客户的侧面影响，不要试图改变客户的认知。了解客户的兴趣和关注点，再慢慢带入产品，让客户明白，这款产品是为他量身定制的，以此来达到共鸣。

## 给客户足够的时间来信任你

优秀的销售员在跟客户沟通时，都不会站在客户的对立面，而是以平等的姿态跟客户交谈。当你总想着如何在最短的时间内从客户手里挣到钱时，客户看穿你的心思后，就不想与你好好交谈了。所以，你要多给客户时间去思考。

## 从客户立场来考虑问题

通常情况下，很多人认为销售员要说服客户就会大力吹嘘，说话水分很多，这样的偏见一旦形成，客户就会认为你说的话没有可信度，就会疏远你。当你从客户立场去考虑问题时，客户会被你的真诚感动，把你当成自己人说出自己的真心话，交易自然容易达成。

## 4. 用礼貌的话语拉近与客户的距离

W是一家销售公司的副总。20多年前，他第一次上街头做推销时，看到一对夫妇带着一个孩子在某商场的广场上玩。孩子很顽皮，他就温和地对孩子说："地上滑，你这个小男子汉要注意一点儿啊。"

在跟客户聊天时，他又谈起了孩子。

事后他总结，孩子都是自家的好。特别是对于那种带着孩子的客户，你就多聊孩子，顺着客户的话讲下去。

就这样双方越谈兴致越高。因为聊得好，双方还互留了联系方式。在说到彼此的工作时，W顺便说了自己就职的公司，让他们有需要就找他，于是他又顺便说了要推销的产品的功能。

"跟客户把感情谈好了，也算是抓住了客户的心。"这句话，在国外的销售界很流行，更是销售大师常用的推销手段。

由于大多数客户对销售均抱有抵触心理，所以当很多销售员满怀热情地去销售产品时，常常是刚开口就遭到了拒绝，那么我们该如何做，才能避免一开口就遭到客户的拒绝呢？

既然客户强烈排斥销售员，那么我们也可以先保证不谈销售产品的事，先争取客户的好感与信任，那么再谈销售就容易得多了。例如，我们可以这样说："我只占用您10分钟的时间就可以了，与您交流一下，我保证在这10分钟之内给到令您惊喜的行业最新资讯……”

美国著名的保险销售员乔·库尔曼在29岁时就成为业绩一流的销售员。

一次，乔·库尔曼想拜访一位叫阿雷的客户，这位客户可是个大忙人，他每个月至少乘飞机飞行10万英里。乔·库尔曼在去之前，给阿雷打了个电话。

“阿雷先生，我是人寿保险销售员，是理查德先生让我联系您的。我想拜访您不知道可以吗？”他在电话上说道。

“是想销售保险吗？已经有许多保险公司的销售员找过我了，我不需要，况且我也没有时间。”

“我知道您很忙，但您能抽出10分钟吗？10分钟就够了，我保证不向您销售保险，只是跟您随便聊一聊。”他再次恳切地说。

“那好吧，你明天下午4点钟来吧。”对方终于答应了。

“谢谢您！我会准时到的。”

经过乔·库尔曼的争取，阿雷终于同意他拜访的请求。

第二天下午，乔·库尔曼准时到了阿雷的办公室。

“您的时间非常宝贵，我将严格遵守10分钟的约定。”乔·库尔曼非常礼貌地说。

于是，乔·库尔曼开始了尽可能简短的提问，让阿雷多说话。10分钟很快就到了，乔·库尔曼主动说：“阿雷先生，10分钟时间到了，您看我得走了。”

此时，阿雷先生谈兴正浓，便对乔·库尔曼说：“没关系，你再多待一会儿吧。”

就这样，谈话并没有结束，接下来，乔·库尔曼在与阿雷先生的闲谈中，又获得了很多对销售有用的信息，而阿雷先生也对乔·库尔曼产生了好感。当乔·库尔曼第三次拜访阿雷先生时，顺利地拿下了这张保单。

推销员跟客户见面但不谈销售，可以避免自己的销售行为被客户扼杀在摇篮中，而且能了解到更多的客户信息。乔·库尔曼本着这一原则，在第一次见面中没有谈销售，从而消除了客户的警戒心理，也因此确保了和客户面谈的机会，同时也赢得了客户的好感。

所以，我们在第一次与客户见面时一定要注意以下几点，见表6-1。

**表 6-1　第一次与客户见面时要注意的事项**

| | | |
|---|---|---|
| 1 | 遵守诺言，不谈销售 | 如果我们事先与客户讲好不谈销售，就一定要遵守诺言，除非客户自己主动提出，否则不要向客户口若悬河地介绍公司的产品及相关的内容。你一旦违反诺言，就很难再获得客户的信任 |
| 2 | 说话语速不能过快 | 语速不能过快，你说话太快，既不利于客户倾听和理解，也不利于谈话的进行。因为语速太快会给人一种压力，似乎在强迫客户听我们讲话 |
| 3 | 别占用客户太多时间 | 你跟客户说占用对方几分钟的时间，就占用几分钟，尽量不要延长，否则客户不但认为我们不守信用，还会觉得我们喋喋不休，这样一来，下次我们再想约见客户就很难了。当然，如果客户谈兴正浓，提出延长时间，你要给予积极的配合 |
| 4 | 从客户的话中了解有用的信息 | 我们在拜访客户时，要尽量委婉地提出问题，以此来引导客户说话，这样做，一来是为了多了解客户的信息，二来是为了变单向沟通为双向沟通，让客户由被动接受变为主动参与 |
| 5 | 保持良好的心态 | 这里说的良好心态，就是既不要给自己压力，也不要给客户压力，保持微笑，获得客户的好感。一定要做到在承诺的短暂时间内引起客户的兴趣，激发客户继续交谈的意愿，这样能为自己赢得更有利的局面 |

## 5. 以情动人，关键时刻“帮助”客户

对于销售员来说，以理服人，不如以情动人。

每个人的需求都不一样，有的明显且容易发现，有的则潜伏得很深，不容易被察觉，有时候听众自己根本没有意识到自己有需求。这就需要你在与他们交谈时，一定要谈一些对方比较感兴趣的问题，让他感受到你的热情，产生一种与你“相见恨晚”的感觉，拉近你们之间的距离。而一旦发现对方神色有异，或对你的话题表示出不感兴趣的样子时，便应立刻改变话题。

销售无难事，只要你善于站在客户面前换位思考，同时耐心地帮助客户解决问题，你的销售工作就做对了一半。

为什么这么说呢？我们来看看星巴克的老板舒尔茨的故事。

舒尔茨说，他有一次去英国出差，在伦敦最繁华金贵的地段，看见在很多名牌店的中间竟然夹着一个非常小的在卖便宜的奶酪的店铺。他很好奇地走了进去，见有一位长胡子的老人在整理奶酪，于是他问：“老先生，这里是黄金地段，寸土寸金之地，您在此开店卖奶酪，赚的钱够付这里的房租吗？”

这位老者朝他看了看，说：“你先买我十英镑的奶酪，我再回答你。”

于是，舒尔茨买了十几英镑的奶酪。

这位老者也信守承诺，告诉他说：“年轻人，你走出我店门向外看一看，这条街上所有你看见的豪华店铺基本上都是我们家的地产。我们家原来就是靠卖奶酪起家的，通过卖奶酪赚了钱。很多人卖奶酪，赚了钱就买些店铺，不再卖奶酪。但我和我儿子现在还是卖奶酪，这是因为我们喜欢卖奶酪。更重要的是，这里的客户需要奶酪。这里租金贵，很多人觉得不赚钱，所以没人愿意在这里卖奶酪，这里的客户都吃不到奶酪。我们在这里开的这家唯一的奶酪店，不仅能解决客户吃奶酪的问题，还顺便赚了钱。”

这件事对舒尔茨触动很大，做事业，除了爱事业外，还要耐心地帮助客户解决问题。这是坚持的理由。坚持做自己热爱的事情时，这个世界上将不会再有难做的事情。

我们做销售也是一样的，从表面上看，我们做销售的围着客户转，费尽口舌地向他们推销产品，每成交一单生意都很难，其实做起来很容易，就是多换位思考，帮助客户解决问题。

周红性格比较开朗，大学学的是旅游管理专业，毕业后，她在一家旅行社做业务。她的第一个客户是一位跳广场舞的大妈。

大妈性子比较急躁，报名参加的是去欧美国家旅游，因为周红的嘴比较甜，她在讲旅行团的优惠福利时，让大妈听了笑得合不拢嘴。为此，大妈又帮她介绍了四五位客户。

如果推销员的工作做到这里，那么周红的工作无疑是完胜的。不巧的是，既然是旅行团，后边就需要大量的售后服务工作。一旦处理不慎，他们之前配合再默契，也都归零了。

周红心想：“这是毕业后的第一份工作，大妈是自己的第一个客户，还给我拉来这么多客户，可别有什么差错。”

真是怕什么就来什么。起初，大妈对这次欧美之旅十分满意，可是，作为线下旅行社的老客户，以往出境长线都是包含联运的，而这次没有。

大妈在得知行程中不包括从自己城市到省会机场的交通时，非常不悦，带着其他几位大妈找周红抱怨，周红耐心解释着，微笑着安抚她们。为了逗她们开心，甚至当着她们的面跳起了广场舞。

大妈多次跟她讲过，说年轻人反感他们跳广场舞。

周红这样一跳，表明她是支持并欣赏大妈们跳广场舞的。

看着把广场舞跳得别别扭扭的周红，大妈们感激她的良苦用心，算是被周红的服务态度和耐心打动了。

然而，一切并没有想象中那么顺利。由于大妈她们坐的飞机出故障延误，耽误了一天行程，直性子的大妈暴跳如雷，给周红打电话，要求顺延游玩的时间。正在气头上的大妈甚至怒气冲冲地给周红发来微信："我看你是存心给我添堵啊，我回去再和你算账。"

看了微信，周红的小脸都吓白了。很快，她就冷静了下来。她心里对自己说："大妈越凶，我越要温和，失去的那一天已然无法弥补了，要想尽一切办法，用周到的服务让大妈消气。我觉得委屈时，就换位思考一下，假如我是客户，遇到了这种事情，怎么办?"

这么一想，她开始寻找帮助大妈的方法，因为往返行程是确定的，无法更改。

等大妈们回国后，她亲自接机，同时耐心地帮大妈们对接保险公司，提交各种资料，并且针对飞机延误进行保险理赔。

大妈们没想到周红服务态度这么好，对后续事情处理得这么到位，堪称完美，这让大妈们由恨转为感激，大妈拉着周红的手，说："姑娘，你人真不错，知道为我们着想，以后大妈会把合适的客户介绍给你的。"

后来，周红对我说："我按您说的把自己想成是客户后，发现自己的工作做得非常不到位。我冷静下来后，就找到了解决客户问题的方法。在以后的工作中，我就抱着为客户解决问题的心态跟他们沟通，没想到让我的工作越做越顺。”

我从事销售工作以来，感触最深的就是，做销售让我学会了如何做人，教会了我怎么跟人打交道。这是因为我们在销售工作中，会遇到形形色色、不同类型的客户，为了与他们进行良好和谐的沟通，我们会不断地完善自己的说话方式、为人处世的方式，情商和智商都会随着客户量的增加不断飞速提升。

不过，以我多年的销售经验来看，客户跟我们一样，都不想找麻烦。所以，不管发生什么事情，我们都要耐心地对待客户，解决他们提出的问题。带着一颗“爱心”来处理与客户之间的关系，是我们解决所有难事的法宝。

## 6. 为客户营造舒适的谈话氛围

一次，我陪一位朋友到电脑城买台式电脑，刚进去，就被一群热情的销售员围住，介绍他们店里的电脑如何好。

面对热情的销售员，朋友脸上却没有一点儿喜悦之色。他冲我使了一个眼色，我们就找了一个借口离开了。

接下来，我们又被好几名口齿伶俐的销售员接待了，他们对我和朋友的问话给予了详细的回答，但是朋友却一改来时“一定买台电脑”的决心，失望地对我说，如果没有合适的，这次就不买了。

我问他：“怎么没有合适的？这么多卖电脑的，你应该耐心地听销售员给你介绍啊。”

朋友无奈地说：“你说得没错，卖电脑的是不少，销售员也热情，可是我听不进去他们的话。不知道为什么，我觉得听他们说话非常不舒服，感觉他们的每一句话，都是冲着我们的钱来的，根本不在乎我们的需求。所以，每次听他们说不了几句话，我就想离开。”

朋友的话让我若有所思，我回忆刚才遇到的那些销售员，不得不说，他们有着较为专业的职业素养，有着迷人的口才，甚至一度让人有购买的冲动。可是，为什么我的朋友却有“听他们说话非常不舒服”的感觉呢？

我分析后得出：是这些销售员在跟我们交流时，那副恨不得从我们口袋里“抢钱”的迫切成交的态度。

这件事让我发现，作为销售员，给客户营造一种“舒服”的氛围是最重要的。

王凯是某品牌酒厂的推销员，他阳光、干净、温和又不失活泼，很适合做销售员。

一次，王凯到一个客户的店里，看到客户柜子里并没有摆放他推销的酒。王凯心中不悦，当初为了让客户把酒摆在柜子的醒目地方，他还特地在价格上做了很大的让步。

一般的推销员遇到这种情况，可能会直接说：“老板，您看您买我的酒时，我在价格上还让了步，但是你都没有在柜台上摆我的酒，让我拿进去摆一下吧！”

客户一定会想：“你小子太不识相了吧，我的店面我的柜台自然由我做主，我想怎么摆就怎么摆，关你什么事！凭什么摆你的酒，你说你在价格上让了，我怎么知道你在其他的客户那里是否也让了。再说柜子这么小，肯定是先放那些赚钱多的酒了。”

若客户心里这么想时，断然是不会让推销员进去摆酒的。此时若推销员继续劝客户，就有可能让双方不欢而散。

我们来看看王凯是怎么做的。

王凯乐呵呵地向客户打过招呼后，一边往店里走，一边说道：“老板辛苦了，我这人闲不住，快过年了，我帮您收拾收拾吧……”

他说着，把店里的旧海报换了，又把空酒瓶整理一下，接着把货架擦拭一番。客户看后，嘴里连声对他说着“感谢”。

王凯趁机说道：“老板，柜台是咱们店里的形象。我已经把货架擦干净了，再帮您把货架上的酒重新整理一下吧，您这柜台要是摆整齐还能腾出地方再放几个品种呢！”

“你不嫌累就收拾吧。”客户难得清闲，见王凯这么热情，也乐得顺水推舟。

“柜台酒柜上摆的酒因为是展示品，所以这些酒也要注意形象。经常不注意日期就会陈旧，老板，我帮您看看吧，把日期旧的产品换下来，放到不显眼的地方卖。”王凯说着，把自己公司的酒放在了显眼的地方，“老板，您看我摆得怎么样?”

客户点点头，说：“不错，你们公司的酒这次换的新包装还挺好。”

王凯达到了目的，仍不罢休：“老板，这不是快过年了嘛，我把公司印的针对新年的海报，特意给您带来一份，上面有新年日历，还有‘恭喜发财’，我再给您店里挂几个灯笼，让咱们店的生意红红火火一整年。”

客户听着王凯的话，脸笑成了一朵花。而王凯也在“说话”的过程中达到了此次“摆放自己公司酒”的目的。

这就是高明的沟通方式，让客户在你“舒服的谈话”中接受你的“建议”。虽然你是在帮老板，但你也在帮你自己。这种帮助是有目的的，会让老板更容易接受，然后你才有机会“动手”，只要有机会动手，你就能让你的酒摆在显眼的位置，达到“热销”的目的。

身为推销员，在与客户沟通时，能否让客户感觉到舒服，直接影响着我们的销售业绩。那些会说话的推销员，甚至能够让跟产品毫不相干的客户，都与产品产生必然的关系。

在推销过程中，优秀推销员的推销魅力就在于，能在别人认为不可能的地方开发出新的市场来。而这又取决于你跟客户的沟通技巧。

“许多人都以为向客户推销，话越多越好。这么想你就错了。”一名优秀的推销员，向客户推销的魅力在于，话不能讲得太多，而是要讲到点子上。就像上面故事中的王凯一样，虽是寥寥几句话，但每句话都让客户看到“商机”和“好处”。这样的沟通自然会让客户感到舒服。

话多必失，这句话推销员一定要记住。

我有一位朋友讲了他乡下“话多多”堂叔，不但小孩不喜欢他，大人也不喜欢他。原因就是他到别人家串门时，说起话来没完没了。特别是到了晚上，即使你提醒他很晚了，我们要休息了，他也不听，照样滔滔不绝地说话，一点儿不在乎别人的感受。

就是他这样的习惯，才让他走到哪里都不受欢迎。

销售员掌握好跟客户交谈的时间，在适当的时候告别，会给客户留下好印象，达到交谈的目的。如果只是一味地谈话，忘记了时间，也会让自己的魅力打折。这是很多成功人士在人际交往中的秘诀。

在销售过程中，推销员跟客户交流的魅力就在于，让客户感觉到跟你的谈话是舒适的、惬意的，这才是高明的情感营销。

沟通，永远都是这个世界上最重要的人与人之间的交往技能。作为推销员，无论你是了解还是不了解，是陌生还是熟悉，都需要以沟通作为纽带来进行人与人之间的感情、利益的联系。那怎样才能让客户喜欢我们呢？具体见表6-2。

**表6-2　让客户舒适的推销方式**

| | | |
|---|---|---|
| 1 | 赞美的技巧 | 销售员在向客户推销时，要懂得赞美的技巧。但赞美对方的行为远比赞美对方身上的优点重要得多。例如，如果对方是厨师，千万别说：你真是了不起的厨师。他心里知道会有更多厨师比他还优秀。但如果你告诉他，你一周中若有两天的时间不来他的餐厅吃饭，全身就难受，吃任何东西都没有滋味。这就是非常高明的恭维 |
| 2 | 客套话也要说得得体 | 客套话是表示你对客户的恭敬和感激，说得太过有奉承之嫌，所以一定要适可而止。例如，如果客户是个老板，你可以背着客户对他的下属说，我看你们老板对谁都好，上次跟他一起出去，他对看门的大爷也很好。你不要担心这话你的客户不会听到<br>如果客户是经由他人间接听到你的称赞，比你直接告诉他本人更多了一份惊喜。相反地，如果是你批评对方，千万不要通过第三者告诉当事人，以避免加油添醋 |

续表

| | | |
|---|---|---|
| 3 | 面对客户的称赞，说声“谢谢”就好 | 一般人被称赞时，多半会回答还好，或是以笑容带过。但是，当客户称赞你的服饰或某样东西时，如果你说：“这只是便宜货！”这样的回答反而会让对方尴尬，甚至让对方觉得自己的眼光有问题。所以，不如坦率地接受并直接跟客户说“谢谢” |
| 4 | 情绪是绝对的关键 | 在与客户销售沟通过程中，我们的情绪很重要，所以，当我们心情不好时，要学会先处理心情后处理事情，只有心情好事情才能处理好 |

第7章

# 激发购买欲，洞悉客户真实的内心诉求

1. 给予关心，找出客户的真实需求
2. 合理引导，激发客户的潜在需求
3. 善于观察，摸清客户的隐性需求
4. 根据客户需求，挖掘产品卖点
5. 维护客户利益，建立长久合作关系
6. 完美销售，一次双赢的交易

## 1. 给予关心，找出客户的真实需求

在销售过程中，销售员知道客户真正需要的是什么吗？你要提供给客户什么呢？对于客户的真正需要，有人肯定会说“客户需要的肯定是有良心的产品”，也有人会说“对自己有价值的产品”，其实这样说也不完全是错误的。

一年冬天，下着大雪，程宁应一位老客户的要求，给他送货。到了之后，他突然对程宁说：“你们公司的产品价格贵，不好卖，再带回去吧。”

如果换作一般的销售员，在这么冷的雪天被拒绝，况且这货物还是他三番五次地打电话让送的，即使不当场翻脸，程宁也有权利抱怨客户几句。

但程宁不这样想，他猜想客户临时变卦必定有原因，既然不方便说，定然有不方便说的理由，他这样一想，没有任何怨言，像以前那样，跟客户聊过后，就又带着那几箱货离开了。

不久，程宁接到一个陌生老板的电话，让他给送两箱产品去。程宁去后才知道，这个老板就是之前那个客户介绍的。这个老板说：“你以前的客户是我老乡，因为他家出了一点儿事，就暂时关了店门回家处理事情了，他走之前，把你介绍给了我。”

销售的过程其实就是销售员与客户心理博弈的过程。从你看到客户的那一刻起，你就进入了跟客户心理博弈的战场。兵法云："知己知彼，百战不殆。"你要想顺利地出售你的商品，就必须猜透对方的心思。

人与人不一样，加之人心隔肚皮，真正猜透一个人的心思是很难的。人的心思为什么难猜透，一是因为你是跟客户陌生的推销员；二是人人都有防范心理，对方害怕上当。

但如果你出于爱，真正为客户着想的爱去猜对方的心思时，就会不由自主地站在客户的角度看问题，设身处地地为客户着想，就能从心理上去把握客户的真正需求，以便更好地把握销售。

换句话说：不要仅仅把自己当作一个销售员，更要把自己当作一个客户。

我的徒弟小王，人长得相貌堂堂，学历很高，口才也很好。一次，我陪着他去拜访他的一位非常重要的客户。

按照销售流程，我们在完成礼貌的寒暄后，我还没坐下他就一本正经地开始介绍起公司的产品和服务。我看到这位客户的视线飘移了好几次，最后转移到了样本资料的后面几行字——"这么多生产产品的厂家，我凭什么要选你们这个品牌"。可是，小王完全忽略了，仍然津津乐道地按照前几天新人培训的课堂上教的流程一步步地介绍着，浑然不觉对方的想法。

这时，我在他停歇的片刻及时打断了他，对客户说："××先生，我们知道您很忙，这样吧，我们先给您留一盒样品，您用得好，再联系我们；用得不好，也请您联系我们，因为我们想知道这产品会给您带来什么不便。"

对方听了，连声说："好的，好的，我会跟你联系的！"

出了客户的公司，小王百思不得其解，我告诉他，接下来和客户互动时，必须用心听和观察客户的情绪和动作，并且立刻反馈给我，然后按照我告诉他的节奏和说话技巧来服务客户，这个客户百分百成交。

“师父，好奇妙哦，我按照你教的，简单明了地把我们的产品优缺点精准介绍后，他竟然答应先进一批货试试。”小王对我说，“师父，我都不知道我们怎么把货卖掉的。”

我先让他亲自感受一下当时客户的感觉……然后引导性地问他此时最需要什么。他马上找到了客户的感受，我再总结说：“要想成为一名卓越的销售员，无论是探寻客户的需求还是向客户介绍商品，都要注意一点，要随时洞察客户的心理，根据客户的心理变化随时调整沟通方式。只有这样，才能读懂客户的心理，从而让客户敞开心扉，有了这样的沟通氛围，销售才有可能达成！”

在与客户的交流中，销售员要从客户的心理变化中确定，眼前的这个客户究竟对商品的哪个利益点有兴趣，而哪个利益点对他而言是可有可无的。你只有明白了客户拒绝的原因后，才知道问题出在哪里。

要想做到这一点，销售员就要根据客户的心理变化来提问，并且学会问“有效的问题”。在展示资料时，懂得信息的“有效呈现”；客户心理发生变化了，要果断调整介绍的重点，切合客户的心理需求，这样才能使每次销售拜访都会有所收获。可以说，谁懂得洞察客户的心理，谁才能真正地找到客户的真实需求，从而获取客户的青睐。

美国著名思想家、文学家爱默生和儿子一起把一头小牛往谷仓里推。爱默生在后面推小牛的屁股，儿子前面拉拴牛的缰绳，可那头小牛想的却跟他们相反，它是偏偏不想进去，腿往后抻着，坚持不肯离开草地。

旁边一个过路的女人看到后，过去帮忙，她伸出自己充满母性的指头，轻轻地放进小牛嘴里，一面让它吮吸，一面温和地推它进入谷仓。

爱默生很惊讶地问原因时，女人笑着说：“我是用爱的力量推它进去的。你看这么小的牛，可能还没有断奶，所以我就伸出手指头让它吮吸。”

过路的女人为什么能够懂得小牛的心思，是因为她是女人，是怀着一颗爱的心来猜小牛的心思的，所以也就猜对了那头小牛的心思。这个故事让我们发现，只要猜对对方的心思，别说是人甚至动物都会听从你的调遣。这方法绝对值得你牢记心头。

有经验的销售员会有这种体会，所有的客户在成交过程中都会经历一系列复杂、微妙的心理活动，包括对商品成交的数量、价格等问题的一些想法及如何与你成交、如何付款、订立什么样的支付条件等；而且不同的客户心理反应也各不相同。在此，我把客户的消费心理总结了一下，见表 7-1。

**表 7-1　销售需要了解的客户消费心理**

| | |
|---|---|
| 1 | 我们对客户要永远不卖承诺，只卖结果。你的产品越靠近客户想要的结果，你的客户越容易产生购买行为。因为客户要买的不是你的产品，而是结果。所以，讲产品的特性、功能、优势都是没有用的。对客户只讲结果！只讲客户最想要的结果！例如，女人买化妆品不但是为了“美”，还是为了姐妹们羡慕的眼光。所以卖化妆品时，你先要告诉她你的产品就能帮她达到目的。把 90% 的时间和精力放在结果上，只把 10% 的时间和精力放在产品上 |
| 2 | 我们对客户没有销售，只有人性。销售的不是产品，不是服务，不是品牌，而是人心，是人性，是情感。例如，床单的广告：我们的床单可以让你的老公想家 |
| 3 | 对客户有一个理由。不论你想要什么，不想要什么，你都会找到理由！任何事情的开始都会有个理由！必须要找到成功的理由！根本不要总结失败的理由！必须要找到让业绩好的理由！根本不要总结业绩差的理由！一个老板的成功取决于他从低潮中跳出来的速度 |

## 2. 合理引导，激发客户的潜在需求

销售员的职业技能要求非常严格，之所以严格，是因为销售员要考虑客户的方方面面，这样才能在与客户的沟通中，激发客户的潜在需求。

众所周知，市场是变幻莫测的，而客户的需求也是在千变万化的，或许他今天拒绝的产品，明天又会喜欢的。所以，销售员不要以为自己联系的客户一直在拒绝你就失去了信心。那些顶尖销售员成功的秘诀就是，不仅能维护好那些有购买意向的客户，而且会激发更多潜在的客户。

当然，他们不会等着客户需要了找你来买货，而是主动激发客户的潜在需求。

陆海是一家装修公司的销售员，他从微信朋友圈看到一个客户的公司要进行大规模扩张，建立更多的分公司。

这个客户是某培训公司的创始人，陆海和这个客户联系了近一年，平时一直在跟他互动，但对方似乎对他们代理的空调不感兴趣，一直处于礼貌的拒绝阶段。

陆海仔细研究过这个客户的公司，是做培训行业的，以其目前的经营状况，扩大规模是早晚的事情。陆海想得没错，一年后，该公司就开

始在本市建立更多的分公司了。

为了能和客户套近乎，陆海又研究了客户的嗜好。他发现客户喜欢钓鱼，每周都到市郊去钓鱼。于是，陆海就给客户打电话，说自己在远郊的亲戚开了一家农家院餐厅，还承包了附近的鱼塘。因为亲戚家人员有限，想让陆海周末帮食客钓鱼。陆海对客户说，自己钓鱼没经验，想让客户帮自己去钓鱼，不付报酬，中午管一顿农家饭，顺便有一些好的建议要给客户说，客户欣然前往。

客户果然是钓鱼高手，不到中午就为陆海的亲戚钓了很多鱼。亲戚为了感激他们，特意备了农家饭招待他们。

在吃饭时，客户问陆海："现在可以把你的好建议讲出来了吧？"

陆海没有回答客户，而是问道："我从您朋友圈里看到，您公司最近要扩大规模，您是怎么打算的？"

客户说道："就是学员多了，现在的公司小，而且学员分布在城市的各个地方，应大家要求，要设几个分部来拓展更多的市场。"

陆海又问："以后公司规模大了，是不是要在不同的地方重新租办公楼？"

客户说："那是自然了。"

陆海问："我想问问您，您对租赁的办公楼的要求？"

客户："这个一时无法讲明白，总之就是要交通便利，位置不要太偏。"

陆海想了想，说道："实不相瞒，我的手头刚好有一些待租的房源，就是想问一下您对办公楼的要求，从中寻找符合您要求的房子，看是否有合适的。"

客户笑着问："你们不是装修公司吗？怎么搞起了租赁业务？"

陆海说道："这不是咱们公司在这行干久了，业内口碑也行，所以会有一些中介联系我们。对了，想必您早让公司员工联系中介了吧？"

客户笑道："还没有，我想现在中介公司挺多的。"

陆海点点头，说："市里的中介确实不少，但还是要提前联系，如果到需要时再去找，临时抱佛脚，会不会导致找的办公楼不理想呢？"

客户点点头，说道："哦，你说的也是有道理的。"

陆海接着说："特别是像您这样的公司，现在都快一百人了，扩大规模后有可能就好几百人了，在租办公楼时，要事先算出租多大面积的，还要根据公司的人员要求来设计装修事宜。"

客户"哦"了一声，又问："今天你约我到这里，就是向我提你这个建议？"

陆海笑着说："一般有远见、有大格局的老板，对人才的要求是举人不避嫌，只要建议好，就会采纳的，您说是不是？我觉得您就是一个有长远眼光和大格局的老板，要不您的公司能发展得这么快，而且还发展得这么好吗？"

客户哈哈大笑起来："就你这一番激将话，是不是在激我接受你的建议呢？"

陆海连忙说："哪里呢，您可是做大事的人，眼光、主见、策略都是棒棒的，哪能轻易被别人说服呢，如果您接纳了我的建议，那也是凭借您非同寻常的判断和眼光。"

客户再次哈哈大笑："不得不承认，你说的还真有道理，我不能辜负了你对我的信任啊！"

陆海高兴地说："您放心，信任是相互的，我们同样不会辜负您的信任的。"

"我一会儿就把对办公楼的详细要求告诉你，你帮我推荐，办公楼一定下来，你们就帮忙装修。"客户伸出右手："来，祝愿我们合作愉快！"

陆海能够激发客户的需求，是因为他懂得合理引导客户。作为销售员，你必须要信息灵通，随时掌握市场的新信息，关注新动态，陆海就很敏锐地从一家大公司的扩张消息中发现了对方的需求。

在约见客户时，陆海做得比较到位，他先是掌握了对方的兴趣所在，再礼貌地预约。更难得的是，陆海没有像其他销售员那样和客户讲合作，而是等着客户主动来问。然后从客户公司的情况出发，先问对方公司的情况，这样客户就不知道他到底是要做什么，如实回答后，他再顺着对方的话，认真地分析，不是一种“我这里有产品，你要不要”的逼单状态，而是“你需要什么，我这里刚好有”的慢慢契合状态，一步步引导客户进入主题，激发了客户的需求，让客户有一种“众里寻他千百度，蓦然回首，那人却在灯火阑珊处”的惊喜感觉。

每一个优秀的销售员，都具有大的规划，即所谓的“放长线钓大鱼”，他们对每一个潜在客户都不会空空地等待，而是寻找一切机会来争取。所以，销售员要乐观地看待自己的客户，明白你现在的客户只是冰山一角，更多的客户还埋在水下，需要你用敏锐的眼光去开发。

总之，客户就在那里，客户的需求也在那里，关键就是看你会不会发现来抢得先机了。下面为你提供几种激发客户需求的方法。

## 多了解行业信息，关注客户的动态

作为销售员，要清楚自己的工作性质和工作环境，多了解行业信息，及时关注最新的市场状况，不可故步自封，这个世界是瞬息万变的。同时，还要多关注每一个客户的动态，客户需要帮助时尽全力帮对方。

## 在关注行业信息的同时，要筛选有效信息

在关注信息流通时，我们一定要知道客户的需要是什么，要敏锐地发现对我们有益的信息，然后收集整理，建立档案，以备不时之需。

## 深入了解客户，借机会激发其需求

我们要去激发客户的需求，就一定要对这个客户有深入的了解，一定要清楚客户的需求在哪里，这样才可以慢慢引导，如果你去开发一个根本就没有需求的客户，那只能是白费力气。

## 在谈话时，要以客户为中心

需要提醒的是，销售员在引导激发客户的需求时，千万不要自己讲出来，而是要以客户为主，不要说你发现这个客户有需求，就一个劲儿地推销你的产品，那很可能把客户的需求给压下去，引来客户的反感，而是让客户占主动，让他自己发现自己的需求后讲出来。

## 慢慢引导，激发客户的需求

在引导激发客户的过程中，销售员一定要沉得住气，每次说话前，都要三思而后行，千万不要上去就想直达目标，要慢慢引导，一步步地把客户引向他的需求上。

## 3. 善于观察，摸清客户的隐性需求

在销售过程中，挖掘客户需求，然后针对客户需求制定方案是确保成交的关键一步，如果对客户的隐性需求挖掘不够深入，销售员很难给客户提供合适的产品，即使客户最终真的购买了，也很难将订单金额做到最大。

说到客户的需求，我们先要了解一下显性需求和隐性需求的概念。所谓显性需求，就是客户很清楚自己需要什么，带着期望来的；所谓隐性需求，就是客户不愿意透漏给销售员的需求。不过，有时候，客户自己也没有意识到的需求，或者客户带着目的来，最终的目的是找到更优的方案。

金园是某商场女装专柜的导购员。一次，她看到一个小伙子在看一件女性上衣，就热情地问道："您好，这是店里昨天新进的款式，这个颜色和款式很适合 25 岁以上的女性。"

小伙子有点尴尬地问："那这个款式有没有紫色的？"

金园说："这款就这一种颜色。"看到小伙子脸上呈现失望，她连忙说："是这样的，根据我的经验，来买这个款式的衣服，大多是 30 岁以上的职场女性，您看，这衣服的款式和颜色是百搭，既可以居家穿，又可以上班穿。所以价格也相对贵一点儿，物有所值嘛。"

小伙子如实说道："我女朋友大学毕业半年了，一直找不到合适的工作，每天都不开心，还好下周她有一个重要的面试机会。但她平时很节俭，不舍得花钱买一件好衣服，我想买一件上档次的衣服让她面试时穿。正好这周六是她生日送给她，我觉得这件衣服的款式是她喜欢的，也适合她，就是颜色有点儿老气。"

金园立刻提议道："这件衣服虽说质量好，但确实如您所说，可能与您女朋友的气质不符。俗话说，人靠衣装，您可以再加一点儿钱，来买这边的套装，颜色有您想要的。您不要担心买回去女朋友不喜欢，我们这里七天包换、包退，只要您注意让您女朋友试穿时，别撕毁标签就可以了。"

小伙子如愿地拿了一套紫色女装。金园趁机又问："找工作面试，形象很重要，我建议您再为女朋友挑选一双配这衣服的鞋子，这样面试成功的概率更大。"

小伙子欣然同意。于是，在金园的推荐下，小伙子又给女朋友买了一双鞋子。

销售员要摸清客户的隐性需求，有时候是一件挺微妙的事情。例如上面的小伙子，说是需要一件女性上衣，归根结底最深层次的需求可能是他心疼女朋友，或是希望帮助女朋友尽快找到工作。所以，才选择在女朋友生日时，给女朋友买衣服。由于金园善于观察，她通过询问，终于发现了小伙子的隐性需求。

一般来说，很少有客户是对自己要购买的产品有着非常精准的描述的，那就需要我们去分析和引导，来摸清客户的隐性需求。

优秀的销售员都能通过观察来看出客户的心理。然后在与客户的简单攀谈中，发现客户的隐性需求，从而更好地促进交易。

销售员在摸清客户的隐性需求时，需要做到以下几点。

## 对客户要多问、多观察

要了解到客户的隐性需求，就需要善于发问，善于观察，双管齐下。

一是先要了解客户的需求。销售员通过提问等方式，准确了解客户对产品的需求。了解客户基本需求是销售员与客户第一次接触首先要明确的问题，然后再围绕客户所需要的产品展开介绍和宣传。

二是获取客户信息，深入挖掘潜在需求。销售员在跟客户聊天过程中，要学会从客户买的产品来获悉潜在的需求，如上面提到的小伙子表面是给女朋友买一件上衣，但是他的潜在需求是想帮助女朋友，让女朋友尽快找到心仪的工作。他的潜在需求与外在表现出的需求的连接理由是“我女朋友最近在找工作，她找到工作就开心了”。为了潜在需求的达到而想方设法地帮助女朋友。

三是要把客户的需求引导到自己的优势上来。在销售过程中，产品的专家就是销售员，产品是他们每天都在接触的对象。他们对于自己产品优缺点的了解胜于客户。

## 对客户要多提供建议、选择

销售员在摸清了客户的隐性需求之后，再根据客户的情况，给出相关的建议，来让客户选择，一定要记住，你给的建议必须符合客户的胃口。

顾客拿起一把芹菜问道：“请问芹菜多少钱一斤？”

店主说道：“您好！今天是周末，需要改善生活，芹菜可以配熏干炒，清淡又有营养。”

顾客遗憾地说：“这样配着确实不错，只是我不爱吃芹菜，主要是我老公爱吃。”

店主沉思，她说这话的意思就是来买菜为老公改善生活的，那么她想吃什么呢?

店主边称芹菜边说：“芹菜倒不贵，您买这把才两块二。您给老公买了，自己也要买点爱吃的菜啊。女人要懂得爱惜自己不是。只有自己好了，才能更好地照顾家人。”

顾客笑了：“你真会说话，我爱吃荤菜。”

与此同时，店主看到顾客车筐里有刚买的排骨和肉，就说道：“那就买点莲藕，炖排骨、猪蹄都好，或者买蒜苗、豆角，总之，肉类搭配的菜要多一些。而且你老公吃菜你吃肉，两全其美。”

顾客高兴地说：“好的，那你给我把这几样菜都来一点。”

店主：“好的，您来得太是时候了，这菜都是刚上的，哦，对了，还有西红柿和黄瓜，可以做个西红柿汤，拍个黄瓜。这些菜属于瓜果，生吃也不错。”

顾客立刻说道：“那好，都给我来两斤吧。”

最后，顾客边付账边心里想，这个店主想得真周到，下次还要来这里买菜。

你看，这就是高明的销售员，既赚了客户的钱，又能让客户感激你，同时还让客户成了回头客。

## 帮客户分析、给客户暗示

有时候你摸清楚了客户的需求，但不懂变通，不懂根据客户的隐性需求更好地给出建议，也是不会成功的。

王英的一位好朋友家的孩子过满月，她想为朋友的孩子买衣服，她的预算是200元左右。因为孩子的衣服都比较贵，她逛了好几家儿童服装店都没有碰到合适的。这时她累了，心想逛完这一家买不到合适的，就下次再来。

她一进门，女老板就热情地迎上来询问。王英就讲了自己的需求。女老板听了问道："您的意思是给朋友的孩子买礼物，是吧？"王英点点头。

女老板就拿来几本育儿书籍和5岁以下孩子的益智玩具，对王英说："既然是送给最好的朋友的礼物，咱就送一些实惠的。如果买衣服，孩子这么小不一定合适，再大了又不一定能穿。如果买育儿书籍比较实用，能帮助新妈妈们更快、更好地了解自己的宝宝，适应新的生活，很多新手妈妈的顾客都买了。这个益智玩具，是布书，材质是牙胶类，安全而且方便消毒。"

听女老板这么一说，王英很高兴，一问价钱，比自己预算的还少了几十元，欣然同意。

女老板就是了解到了客户的隐性需求。王英表面上是给朋友的孩子买衣服，其实最终的需求是，通过送礼物来促进朋友之间的感情，而且这个礼物是要可以表明心意的。更重要的是，女老板摸清了这些礼物的价格在客户的预算范围内，所以她轻易地就和客户达成了交易。

做销售不能单从表面追求答案。很多客户来你这里买产品，都是希望通过产品来达成他的要求。这时候就需要你一步步地深挖，去得知客户最真实的感受和最迫切的需要。只有这样，才可以对症下药，帮助客户做出明智的选择。

## 4. 根据客户需求，挖掘产品卖点

许多销售员纠结最多的问题是：“怎么向客户介绍产品，客户才愿意听呢？”

他们说：“我们向客户推销产品的尺寸时，大多都是干巴巴的数字，使用过程也是枯燥无味，在给客户讲解时，他们都听不进去，因为不懂，他们买了以后，又说我们做销售员的没有讲清楚，就是忽悠他们的钱。”

其实这些问题很好解决，对于销售员来说，要想让客户清楚地了解产品，最好把产品用故事的方式展示。

推销大师乔·吉拉德认为，人们都喜欢自己来尝试、接触、操作，这是因为人们都有好奇心。无论你推销的是什么，都要想方设法地展示你的商品，而且要记住让顾客亲身参与。如果你能吸引住他们的感官，那么你就能掌握他们的感情了。

正是出于这个原因，乔在向顾客推销轿车时，会先让顾客坐进驾驶室，握住方向盘，让顾客自己触摸操作一番。如果顾客的家住在附近，乔还会建议他把车开回家，让他在自己的太太、孩子和领导面前炫耀一番，顾客会很快地被新车的“味道”陶醉。

根据乔本人的经验，凡是坐进驾驶室把车开上一段距离的顾客，没有不买他的车的。即使当时不买，不久后也会来买的。新车的“味道”已深深地烙印在他们的脑海中，使他们难以忘怀。

实际上，每一种产品都有自己的味道，这与商场中写的“请勿触摸”的做法不同，这就是乔会在和顾客接触时，总是想方设法地让顾客先“闻一闻”新车味道的原因。

要想让客户更快地了解产品，我们自己要先对产品的特征、功能、用途、使用方法、尺寸、价格等全盘了解，让客户确实明白产品的优势，如此客户才会下定决心购买。

每次我在向客户推销产品时，我会用针对他们可能提出的反对意见的故事作为开头向他们展示，客户们听后十分重视，立刻凝听我的故事分享。

我们销售员每天都要面对形形色色的客户，他们大多是受过良好教育和具有更多需要的客户。他们往往会向我们提出更苛刻的问题，并要求对他们的问题提供更加精确的解决方案。而且，在讲究效率的时代，客户也希望与组织良好、见多识广、用战略思想解决复杂需求的销售员打交道。这就需要我们销售员更深层次地精通自己的产品。

客户购买的是产品，所以他们最希望推销员提供有关产品的全部知识和性能。倘若一问三不知，那就很难在客户心目中建立信任感，更别说将产品卖给客户了。所以，一名推销员要把自己对产品的介绍当作自己在战场上的武器，好使的武器是赢得战争的重要条件。一名优秀的推销员应该致力于提高所推销产品的质量，认真总结思考产品的优势及特点，培养自身与产品的感情，爱上所推销的产品。

销售员要想成功销售，就得根据客户的需求，挖掘产品的卖点。一般来说，挖掘产品的卖点，可以从以下途径去做，见图 7-1。

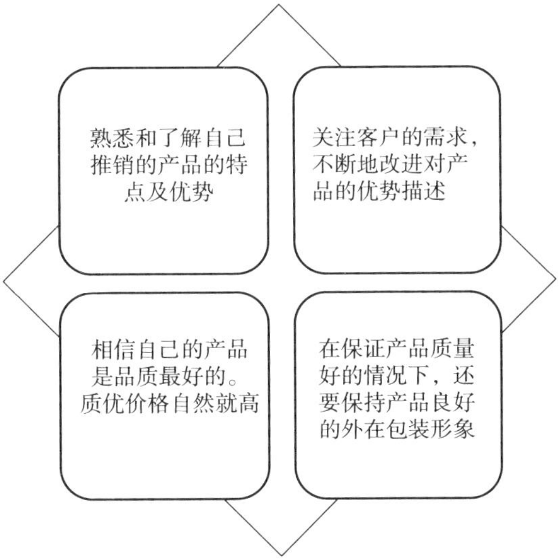


**图 7-1　挖掘产品卖点的途径**

## 5. 维护客户利益，建立长久合作关系

陈洋在公司做销售员快一年了，还没有签过一个大单。倒是有很多聊得不错的潜在客户，可他们都很精明，闲聊时都说得不错，陈洋一谈正事要签单，客户就找借口拒绝了，说他们公司的产品价格高。

一天，陈洋的朋友给他介绍了一个大客户，要和他签 100 万元的单子。

但陈洋一点儿也高兴不起来，反而觉得好纠结。

原来，陈洋费了九牛二虎之力谈成的这笔大单，就在签单的前一天，他看到公司竞争对手的设备，无论是在质量还是型号等方面，都很适合客户，价格也比他们公司的低。

“你快一年没签单了，再不出业绩，就是公司不辞你，你也不好意思在公司待了吧?”陈洋的朋友劝他。

“反正客户又不知道这件事，你就装作也不知道不就得了。”另一个朋友给他出主意，“你这个单一签，不仅为公司赚了钱，就你拿的提成，你半年不工作都够了。”

陈洋有点动心，他甚至想到签完这单拿了提成就走人。但他心里也只是想想而已。他想：“做销售是为了钱，但不能为了钱不择手段啊。如果我为了钱，从这家公司走后，再遇到新的诱惑，又离职，十年后，

我将不是一个销售员，而是钱的奴隶。”

陈洋决定如实告诉客户，让陈洋始料不及的是，客户听了他的推荐，十分感激他。虽然没有跟陈洋签单，但这个客户帮陈洋介绍了很多朋友来合作。后来，客户还成了陈洋的朋友。

做销售跟做其他事情一样，与人交往时，要善于为别人考虑。想别人所想，急别人所急，这种看似“吃亏”的做法，却会让你赚很多。

客户是最容易感恩的，你为他们的利益着想，他们也会为你的利益着想。即使此次合作不成功，下次他们也一定会找机会，甚至介绍亲朋好友与你合作。

要遵循“以客户利益为先，追求利润次之”的原则，当二者发生冲突时，销售员要“毅然决然”地舍弃自己来维护客户的利益。也许你会觉得这有点儿傻，但是，这看似吃亏的做法，很可能会给你带来意想不到的收获。

管枫是十年前开始做销售的，现在是公司里年薪七位数的销售总监，他现在已经不出去跑客户了。十年前他谈的那些客户，至今不但仍然在跟他合作，并且还时不时地把亲戚、朋友拉进来。

管枫是怎么做到这样的呢？

我们从他刚做销售时的一件平常小事说起吧。

管枫做销售前，曾经被一位销售员所伤。当时，他新装修房子时，听信了商场销售员的话，买了一款新式热水器，从装上那天起，就没有消停过，不是这里坏了，就是那里出了毛病。给销售员打电话时，对方总是找各种理由推辞。

管枫一气之下，换掉了这个牌子的热水器，花钱买了另一个品牌热水器。令他欣慰的是，他买的这个品牌热水器，用了一年多，从来没出过毛病。期间销售员多次打电话回访，问他买的热水器的情况。

从那以后，管枫的亲朋好友一买热水器，他就会建议他们买他用的品牌热水器，随口会把那个质量次的新式热水器贬低一番。于是，在他的朋友和亲戚圈里，大家都知道了被他贬低的热水器是次品，再便宜都不能买；他用的那种品牌热水器，再贵也得买。

这件事让管枫悟出一个道理：最好的销售员，是多为客户的利益着想，把服务做好。

管枫做销售后，他的工作理念就是多为客户的利益着想。

第一天上班时，有个客户一见到他，就把一张写有购买产品要求和型号的纸条给了他。客户问他有没有这种型号的产品。

管枫看后，皱起了眉头。几经考虑，他对客户说：“有是有，不过，我在看了您写在纸条上对产品的要求后，觉得您要的机型与实际需求的配置有些出入。当然，按照这样的配置使用起来是没有任何问题的，但问题是要达到好的效果，机器数量和机型容量都可以减少一些，这样不但会让您公司的投入适当降低一些，在质量上还能达到更好的效果。”

客户不解地说：“哦，是吗？这是我们公司好几个工程师测算的。”

管枫心里一震，但仍然没有放弃，他拿起电话，给自己公司的工程师打电话，说明情况后，工程师让管枫把客户写好的型号和规格发过去，他过三天给答复。

接着，管枫对客户说：“我担心您要的货有误，就让我们公司的工程师帮着测量一下，三天后才能有回信，麻烦您同公司商量一下。如果您公司领导不同意，咱们再另想办法。”

客户在给公司打过电话后，同意了。

三天后，管枫公司的工程师测量后发现，客户那方确实测量有误。等客户来取货时，双手握着管枫的手，连声说：“太感谢您了。其实我在这之前给很多公司打过电话，只有您处处为我们着想。我现在就给您签单，并且我们公司也决定，你们公司就是我们的长期供货商了！”

管枫在工作过程中，一直这样坚持站在客户的立场上想问题，始终以客户利益为先的实际行动感动客户，同时，也为自己争取到很多长期供货的客户。看来，当我们为客户着想时，客户的表现自然不会让我们失望。

现实中，还有很多销售员不认同应以客户利益为先的观点，或者即使认同，也没有认真地去执行。他们的做法无异于经常把“上帝”挂在嘴上，却没有放在心里和实际行动中，要知道，这样的做法等于零。

只有真正维护客户利益的销售员，才能缔造销售上的传奇。

当你为客户省钱时，客户才会让你赚钱。因此，当你与客户沟通时，把自己和客户拉到同一个战线上，与客户并肩作战吧！你的目标不再是如何销售产品，而是如何让客户花最少的钱买最好的东西，一旦你这样做时，就会发现身边的客户越聚越多，你们合作的气氛越来越和谐，更让人意外的是你还轻松地赚到了很多钱。

销售员若能以客户利益为先，悉心地为其提供周到的服务和帮助，替他们解决问题和困难，你的客户就会意识到你是在帮助他，而非只是想从他口袋里拿钱，继而降低心理防线，放心地接受你，增进对你的信任，这样你同客户的关系会更加稳固，合作也会更加长久。

那么，如何为客户的利益着想呢？可以从以下几方面去做。

## 让客户明白购买产品给自己带来的利益

销售员务必让客户明白，销售是一个和客户利益博弈的过程，你们双方是受利益驱使的。要想实现销售成功，销售员需要通过与客户沟通达成双赢。而产品既是实现利益的立足点，又是增进双方感情的润滑剂，销售员只有让客户明白购买产品为他带来的利益，才能吸引客户对产品的关注。

例如，当客户对是否购买产品拿不定主意时，销售员就要诚恳地对客户说：“这款产品能为您创造更大的效益，会让您从中获得巨大的利润。”当客户感受到利益的存在后，就不会心疼钱，从而增强购买欲望。这样一来，双赢就能得到进一步实现。

## 让客户明白双方合作的好处

在与客户谈判时，销售员要尽可能地让客户明白，你希望与他长期合作。长期合作，无论对客户还是销售员本身来讲，都有一定的好处。因为销售员开发一个新客户，往往比接待老客户费时费力得多；而对于客户来说，对产品足够了解与掌握也会为他们节省很多精力和时间，同时购买新产品还面临着售后服务是否到位等问题。

## 让客户明白产品是自己的需求

在谈判过程中，当客户的自我需求得到满足以后，往往会主动做出成交决定。所以，销售员在向客户销售产品时，要尽可能地从客户的实际需求出发，弄清楚他们需要什么或者在哪些方面面临难题，并采取适当的方法予以解决。

例如，在向客户介绍产品时，你可以说：“贵公司对产品质量要求很高，而我们的产品也以优异的品质赢得了很多大型合作伙伴，相信我们合作会非常愉快的。”

这样这场交易不但满足了客户预想的要求，还能为他赢得其他好处。他们大多会表现得更加积极，以一种“实现成交可以使我得到某些益处”的态度与销售员进行谈判，从而提出成交。

## 6. 完美销售，一次双赢的交易

无论是销售员，还是顾客，都在心里认为，如果销售员成功地向顾客推销出了产品，就等于赚取了顾客的钱。其实这是一种错觉。顾客这么认为有情可原，销售员若这么认为，说明还没有真正洞悉顾客真实的内心诉求。

虽说销售是一场跟顾客之间的较量，但成功的销售绝不是指销售员单赢的交易，而是一次能够双赢的交易。销售员从此交易中得到利润，顾客用钱换来自己所需要的产品，可以说销售员在顾客急需的时候把产品卖给对方，应该是帮助顾客解了燃眉之急，等于是帮助了顾客，顾客也是受益的一方，这是销售的真正意义，也只有这样的销售，才是销售的最高境界。

顶尖销售员之所以能够成功，就是因为他们做到了每成交一位顾客，都让顾客感动、感激，有的顾客为表心意，还会帮销售员介绍客户。从这一点来看，销售员要先在工作中有双赢思想，就不能只为追逐自己的利益，把销售当成只为自己谋利的赚钱工具，而应当成一份事业来做，既要照顾到客户的利益，又要感动客户，客户认可了你，你就算是在此次交易中实现了双赢。

乔·吉拉德刚开始卖车时，老板仅给了他一个月的试用时间，如果在一个月内没有销售业绩，他就必须走人。眼看29天很快过去了，他依然一辆车也没卖出去。

最后一天，他起了个大早，希望通过自己的勤奋迎来一张订单。他到处去推销，嘴都磨破了，但是到下班时间，依然没有人愿意从他这里订车。

此时，老板向他发出了“最后通牒”：“我准备收回你的车钥匙，你明天不用来公司了。”但是乔·吉拉德坚持说：“现在虽然下班了，但还没有到晚上12点，一天还没有结束，我还有机会拿到订单。”

老板见他还挺执着的，便给了他一整晚的时间。

12点很快要过去了，乔·吉拉德就这样在车上坐等他的第一位顾客。突然，车窗外传来了敲车玻璃的声音。乔·吉拉德往外一看，发现是一个卖锅的人，他身上挂满了锅，但他已经冻得浑身发抖，看到车内有灯，他就想问问车主是不是需要一口锅。乔·吉拉德见卖锅人比自己还狼狈，便请他到自己的车里来取暖，并热心地递上一杯热咖啡。同是天涯沦落人的两个人热聊起来。

乔·吉拉德问：“如果我买了你的锅，接下来你会怎么做?”

对方回答：“那我就继续赶路，卖掉下一口锅。”

乔·吉拉德又问：“全部卖完以后呢?”

对方说：“那我回家再背几十口锅出来接着卖。”

乔·吉拉德点点头，说道：“不错，锅卖得越多，你生意就做得越好，但如果你想使自己的锅越来越多、越卖越远，你该怎么办?”

对方想也没想就说：“那就得考虑买辆车了，不过现在我真买不起。”

两个人就这样越聊越起劲。天亮时，乔·吉拉德买了卖锅人的一口锅，而卖锅人则从他这里订了一辆车，提货时间定在了6个月以后，订单则是一口锅的钱。

有了这张订单，乔·吉拉德被老板留了下来。

接下来，乔·吉拉德一边卖车一边帮卖锅人拓宽市场。卖锅人生意越来越大，3个月以后，他提前提走了一辆小型货车。而乔·吉拉德在后来的几年时间也卖出了一万多辆车，成为老板器重的人。

乔·吉拉德能够成为闻名全球的顶尖销售员，不是因为他有什么销售技巧，也不是能说会道，而是他用自己的实际行动，给客户带来实质性的利益。

在一般人看来，乔·吉拉德接受一口锅的钱来换他的轿车，是非常吃亏的。而且，乔·吉拉德还帮卖锅人卖锅，更是亏上加亏。但最后的结果是，乔·吉拉德和卖锅人一样成为此场交易中赢的一方。也就是说，他们的交易是双赢的。

我们都知道，在销售中，利益的较量始终贯穿在销售的整个过程中，销售员和客户貌似是对立的双方——销售员想推销产品赚钱，客户想低价或是花更少的钱买产品。如果两个人都不让步，那就无法达成交易。

据此来看，销售员要想打破这个局，就得从客户的利益入手，也就是说让客户先成为受益的一方。因为如果产品卖不出去，没有业绩，自己就拿不到提成，企业更是难以运转。所以，那些优秀的销售员都懂得，想要争取自己的利益，就需要运用双赢的思想，自己先让步，通过为客户创造价值，让客户看到自己可以得到利益。

这就是为什么有些销售员在进行产品展示时，会告诉客户产品能给客户带去什么核心价值，在客户有异议时，用产品可能会给客户带来的好处来消除异议，以此来争取到客户并维护好客户。

销售员是为了自己的利益向客户推销产品的，客户也只会选择能够给自己带来利益的销售员的产品。

总之，销售的终极目标是双赢，没有利益的销售无法持续。我们为获得提成，才做销售员，而客户为了自己的需求，才会购买价格适宜的产品。所以，销售的终极目标，是建立在销售员与客户长久合作的关系之上，这样既能实现完美销售，又让双方都成为销售中的赢家。

第8章

# 发现突破点，抓住客户需求促成交

1. 面对傲慢型客户，以诚相待
2. 面对精明型客户，给他“便宜”
3. 面对犹豫型客户，穷追不舍
4. 面对保守型客户，建立关系
5. 面对虚荣型客户，多用赞美
6. 面对攀比型客户，用事例激起他的购买欲望
7. 面对专断型客户，顺着他说话
8. 面对暴躁型客户，给予理解、包容和忍让

## 1. 面对傲慢型客户，以诚相待

半年前，郑光参加朋友的婚宴时，同桌吃饭的客人中，有个能说会道的大姐，她主动加了在场所有人的微信，然后一个劲儿地劝他们看她的朋友圈。出于礼貌，大家在她的催促下打开这位大姐的朋友圈，发现她是一个微商，专卖治疗脚气的药。上面发的照片，大多是一些令人不敢直视的有着各种脚气的光着脚丫的照片。在饭桌上让大家看这样影响食欲的照片，显然有点儿不妥。因为郑光是这个行业的人，深知做这行的艰辛，所以为了照顾对方的面子，郑光没有立刻删除她的微信。

"你这人恶不恶心啊，在吃饭时，让人看这样倒胃口的照片？"

郑光听到桌子对面的一个男人的声音传来，顺着声音一看，是他们那桌的一位客人，此时，他气势汹汹地对着大姐说。

"大兄弟，对不住啦。"大姐陪着笑，一脸歉意地说，"您一看就是见多识广有教养的人，知道的事情多。您别看我年纪比您大，可我知道的比您少多了，我哪里做得不对，还得请您多多包涵。"

"你说这是人家的喜宴，本来是欢乐气氛，让你这样一搅和，多扫兴。"发脾气的大兄弟虽然脸仍有愠色，但语气和缓了很多。

"大兄弟，对不起啊。要不我说您这人有素质啊。"大姐再次道歉，

“以后我记住了。大兄弟，不好意思啊，这样吧，我帮您把我的微信删除，不，加入黑名单吧。省得我这个做微商的每天发一些不好的照片烦到您。当然，听了您今天的话，我以后会少发一些关于这方面的照片的。”

“这倒不必。”那位大兄弟语气变得温和了一些，“你是做生意的，发这些是应该的。”

“谢谢，谢谢大兄弟。”大姐连声说道。

“你不要这么客气，不瞒你说，我和我老婆的脚……”大兄弟放低声音，看看周围，“等我晚上回家，我们一起看看你发的那些产品。”

大姐激动地握着男人的手：“大兄弟，您别笑我直，我真的是第一眼看您，就看出您是有素质、有涵养，也是识货的人，不，是有内涵的人。”……

看着两个人谈得这么投机，有谁会想到，刚才他们之间的关系还是剑拔弩张。若不是亲眼所见，亲耳所听，郑光无法相信，搞定一个傲慢型客户的销售语言，居然是这么平常的言语，只不过，是被这位大姐谦虚谨慎地说出来的。

在工作中，很多销售员都不知道如何跟那些傲慢型的客户打交道，因为那些傲慢型客户态度冷淡，有时还会对产品各种挑剔。

其实，我们销售员的职责是，热情地对待每一位客户，认真地接受他们的批评。一旦碰到冷淡傲慢的客户，不要跟他们去做辩解，而是寻找合适的机会介绍产品。

除此以外，我们说话必须时刻注意，防止说错话，多说客户的优点，不要谈论其缺点，以换取客户的信赖。也就是说，对待冷淡傲慢型客户要以诚相待、真心相对、谦虚谨慎，这样才能获得他们的信任。

张华是一名资深销售员，他最擅长搞定的就是傲慢型的客户，他说：“我分析过，别看傲慢型的客户初看让人感觉很烦，但只要你把身边碰到的那些傲慢型的人性格分析一下，就会发现，这些客人在某些方面都有过人之处。”

张华有一个客户，在当地很有钱，对周围的人总是一副盛气凌人的样子。跟人说话时，他总是高人一等，用贬低别人的话来抬高自己。对于像张华这样的销售员，他更是瞧不起。

那个客户家要装修，而张华正是某品牌地砖厂家的促销员。

他跟张华一见面，就说：“你这里的地砖价格是天价，怎么看上去却像垃圾站那里丢掉的地砖?”

相信一般推销员听到这句话时，即使能忍住不当面朝他发作，心里也会想：“你傲慢什么啊，不就是买几块地砖吗？能赚你几个钱？我还不侍候你了。”

我们来看张华是怎么做的。

“大哥，瞧您说的。您以为这世界上的人都像您一样，外表和内涵是一样的啊。”张华礼貌地说，“老祖宗说了，海水不可斗量，人不可貌相。咱这地砖质量可是杠杠的。您若不信，您就在商场其他卖地砖那儿转转，您认为哪家地砖质量好，等我有一天有房了，也跟着您买那个牌的。”

“你小子真会说。”他乐了，“过来，给我介绍介绍吧。”

张华微笑着说：“嘿，大哥，就您这眼光，老好了，以后我的目标就是攒钱买房，装修时也买大哥看好的地砖。”

交易就在这欢快的气氛中开始了。

张华说：“我现在跟这位大哥成了好朋友，他经常把他装修房子的哥们儿介绍到我这里来。”

张华认为，碰到冷淡傲慢型客户时，可以采取礼让的方式抬高他，使其产生一种自己原本是高贵的感觉。尽量去寻找客户令人喜欢的地方，尽量去习惯他的一切，不管怎样，绝对不能对他产生任何偏见和不满，否则你将更加不受欢迎。

不管是初次见面，还是已经见过面，遇到冷淡傲慢型客户时，销售员一定要注意自己的形象、着装、举止、谈吐、礼仪等，以给客户留下良好的印象，让冷淡傲慢的客户不会觉得双方差异太大，突破第一关，为进一步沟通、交谈打下良好的基础。

《傲慢与偏见》中的那个“傲慢”人物达西，出生于富贵之家，优越的家庭环境不仅塑造了他良好的教养、优雅的举止，还培养了他傲慢的性格。但由于他具有知错能改的优点，才让读者对他这一人物产生敬佩、崇拜之情。

销售员要降住傲慢型的人，也要具备两点：一点是比他们某方面要强，让他们要么服你，要么爱你；另一点是让他们处处感到你很尊重他，在乎他。身为销售员，都要具备这两点。

客户当中各种各样的人都有。有些人看起来和蔼可亲，而有的客人喜欢诸多批评，特别喜欢用别人公司的产品来批评我们的产品。

应付这类客人要避重就轻，切忌硬碰，接受客人善意的批评。假如批评是不合理但是无伤大雅的，可以轻轻带过，假如是影响品牌形象的则要对客人礼貌地解释。应对技巧就是要成功消除冷淡傲慢型客户的威风，首先需要把握此类客户的心理特点，以便分析其冷淡傲慢的原因，采取相应的策略。

一般来说，冷淡傲慢型客户都具有以下几种心理特点，见表8-1。

**表 8-1　冷淡傲慢型客户心理特点**

| | | |
|---|---|---|
| 1 | 喜欢隐藏自己的缺点 | 冷淡傲慢型客户都不喜欢别人谈论自己的缺点，因此往往会给人冷淡傲慢的感觉，不让别人过度接近，以防止别人看清自己的缺点。这类客户害怕自己受伤害，不得不用某种方式进行自我保护，但同时又希望引起他人的注意，希望别人给予很高的评价 |
| 2 | 贬低别人抬高自己 | 冷淡傲慢型客户总是以贬低别人的方式来抬高自己，以“我并不比你差”这种感觉来弥补自身存在的自卑感，这种自卑感往往会使其产生贬低他人的心理。这类客户自尊心特别强烈，他们是想通过和他人比较来找出自己的优点，由此来抬高自己，让自己获得情感和心理上的满足 |
| 3 | 感觉彼此兴趣不同 | 冷淡傲慢型的客户，总是认为自己是高一等的人，认为他人低自己一等而对别人不屑一顾。这种心态可能与其自身的性格和生活经历有很大关系 |

## 2. 面对精明型客户，给他“便宜”

管梅是某公司的业务总监，两年前，她有一个客户。在两年多时间里，就下过四次单，钱也不多，每次要货最多时才要一万多元的，最少时只有几百元的。当然，她并不是嫌弃他要得少，而是他砍价特别狠，每次他在这里要了报价后，会拿着报价单去问其他同行业公司。这是他有一次无意中向管梅说出来的。

管梅猜到或许是其他公司的销售员，没有她这样好脾气吧，几句话就打发了他，并不给他报价。所以，他只好就又来磨她，让她给他便宜点儿。管梅只得一点点给他降。每降一次价，她的心都痛一次，因为销售总监保底工资不高，全指望销售业绩。而业绩是跟她的销售额挂钩的。销售额多，拿的提成才高。他一再压低价格，自然会影响她的销售业绩。

然而，人就是这么不知足。别看她一再按客户的要求压低价格，这个客户还是觉得价格高。她就笑着对他说：“如果您觉得我的报价高，就去其他公司看看，去其他公司买。”

他气呼呼地说：“你这是什么态度，我是觉得你们的产品质量好，才来你这里买的。”

她笑着说：“一分钱一分货嘛，质量好当然要贵一些了……”说到这里管梅忙捂嘴，知道他接下来要说什么了。

果然，他还是那句老话：“这不，你都承认贵了，我以后不会去别的地方进货了，就在你这里，给我再便宜一点儿吧。”

她就这样被客户一点点地“砍”着价，在她降了5次后，客户才答应先进5000元的货。她心里暗暗高兴，幸亏他要得不多，否则自己赚得更少了。

让管梅更头疼的是，每次这位客户来提货，都会顺手捎走一些东西。例如，其他样品，或是其他器具的零件，一不留神，就被他拿走了。

管梅告诉他不能拿时，他立刻指责她：“哎呀，你们这么大一个厂子，为这个卖不出去的样品还跟我斤斤计较啊。”

她不想再说他了，觉得再说的话，又会换来他的数落。

令管梅郁闷的是，一到销售产品的旺季，他就来凑热闹，本来她的订单就多，很忙。他还在这时来添乱。先是要几千元的，接着要几万元的，拖着不付款，拖延货期。

管梅一再对他说：“现在是旺季，我忙，货也短缺，你再不付钱，我就把你的货给别人了。”

这一席话，又会让管梅招来他的一顿“痛批”。

管梅的客户就属于过度“精明”的客户。俗话说，常在河边走，哪有不湿鞋的。我们做销售员的，遇到的客户形形色色，而喜欢占点儿小便宜，是人性的一个特点。不光是我们的客户，就连我们自己，都喜欢得到“免费的午餐”或是天上掉馅饼时，能掉到我们“嘴里”。

我们理解了自己，就能理解客户了。在销售时，我们可以巧花心思，满足一下客户爱占小便宜的心理，让客户开开心心地享受我们的服务，然后再快快乐乐地花钱，我们也在这欢乐的气氛中低调地赚钱，此举正应和了老祖宗那句“和气生财”的话。这是多么美好的事情！

如何对付这种“精明”客户呢？可以借鉴下面这个业务员的方法。

杨刚开着一家男女牛仔裤专卖店，他在布置店面时，颇费了一番心思。

他的店里，除了质量好的牛仔裤外，还陈列着各种各样的物品：有女孩喜欢的各种小饰品、小挂链，有男士需要的打火机等。物品很多，使得他的小店显得有点拥挤杂乱，但他的生意却非常好。

一个卖牛仔裤的店，摆这么多其他小商品干什么？用他的话回答就是：“专给那些爱占便宜的客户留的。”

或许你会问：“给客户搭这些商品，不赔钱吗？”

杨刚的回答是：“客户买的牛仔裤价格几百元，你再给他搭上这些几块钱或是十几块钱的小饰件，顾客自然会高兴的。赔当然不会，只不过是少赚一点儿。”

一次，一对情侣到杨刚店里买牛仔裤。

这对情侣显然是一对“精明”到极致的客户，他们在跟杨刚砍价时，不直接在价格上砍，而是针对牛仔裤的做工、色泽以及产地加以挑剔，其挑剔的话让杨刚都招架不住。

“我这里是专卖店，不讲价格的。”杨刚说。

“我们喜欢这个牌子，不在乎价格，但你总得让我们心理平衡吧。”女客户回答。

“哥们儿，告诉你吧，我们是这个品牌的老主顾。”男客户说。

“这样吧，您们先看看其他牌子的。”杨刚说。

双方就这样互不相让地交涉着，最后，3个人都累了。暂时息了战。

女客户去看那些小饰品，男客户则坐下来喝杯茶。喝了一口，他发现茶的味道非常好，便忍不住问杨刚："这杯茶里用的是什么茶叶？"

听客户说茶好喝，杨刚根据职业习惯，猜出客户也是一位爱喝茶的人，就立刻拿出一包茶叶慷慨地送给客户。同时，杨刚又送给女客户看中的一个饰品。

客户意外得到杨刚的馈赠，自然觉得占了便宜，接下来便谈得很顺利，交款时客户也很痛快。

实际上，这是杨刚对付"精明"客户的一种策略。

"要想让客户有一种占便宜的感觉，就得对客户舍得给予。"杨刚分析，"如果客户是带着老人或是孩子一起来的，那么我可以送的东西就更多了。但我是不会主动送东西给客户的，这会让客户觉得来得太容易而不懂得珍惜。我要等着他们看中了店里的某一样东西提出要求时，我才故作'慷慨'地送给客户。"

事实上，很多客户在买牛仔裤之前，会先看看这些摆放的东西，然后再问杨刚，如果买了牛仔裤，可以送点什么给自己。因为客户感觉自己在杨刚这里花了高价钱，总得有点什么东西赠送自己吧？

杨刚就是利用人们这种想占小便宜的心理，故意不说出是赠品，而在客户提出要求后装作"慷慨"地送给客户。

久而久之，这些小饰品竟然成了处理杨刚和"精明"客户尴尬处境的润滑剂。

在这种情况下，客户反而觉得是自己占到了便宜。

杨刚在店里摆满各种小物品，是充分地利用了客户喜欢占小便宜的心理，使客户非常爽快并且十分开心地交钱。虽然客户占了小便宜，但是他的生意却越来越好，获得了更多的利润。

不过，让客户占便宜也不能太过频繁，这会让客户不珍惜的。要把握住一个度。就是让客户觉得跟你打交道，感觉最"爽"。这种爽体现在五个字上，就是"占了大便宜"。

如何让客户感觉占了大便宜呢，不是在价格上一让再让，钱这东西，让多少我们都看不到。倒是搭点小礼物，会让客户感觉占了便宜。毕竟，有这些实物在手，能让客户每次一看到，就会想起你来，心底还有一种占了便宜的感觉。

一般来说，“精明”的客户权衡品质与价格时非常严格，他们既对价格方面非常计较，在议价方面也不会计较花时多长。这类客户在购买的过程中往往会给人一种犹豫不决的感觉。

面对这类客户，推销员要多介绍促销降价商品，另外也可以对比价格的方式来推荐商品。“物美价廉”未必能俘获他们的购买之心，但是“物超所值”的绝对是他们的菜。

总之，要想满足那些“精明”客户贪小便宜的心理，一定要舍得给予，保证我们所给予的“便宜”正合客户的胃口。

精明的客户极度谨慎与理智，十分挑剔。他们比其他人更在乎细节。他们对准确度，事实和数据十分关心。他们会留心商家的可信度，他们会不断提醒自己要小心谨慎。即使在购买产品时，也会慢条斯理且小心翼翼。

他们对推销员持一种不信任的态度。当推销员进行产品介绍说明时，他们看起来好像心不在焉，其实他们是在认真地听，认真地观察推销员的举动，在思索这些说明的可信度。同时他们也在判断推销员是否真诚，有没有对他搞鬼，这个推销员值不值得信任。这些客户对他们自己的判断都比较自信，他们一旦确定推销员的可信度后，也就确定了交易的成败，没有丝毫的商量余地。

这类客户大都判断正确，即使有些推销员有些胆怯，但只要我们真诚、热心，他们会与你成交的，对付这类客户有三种方法，见图8-1。

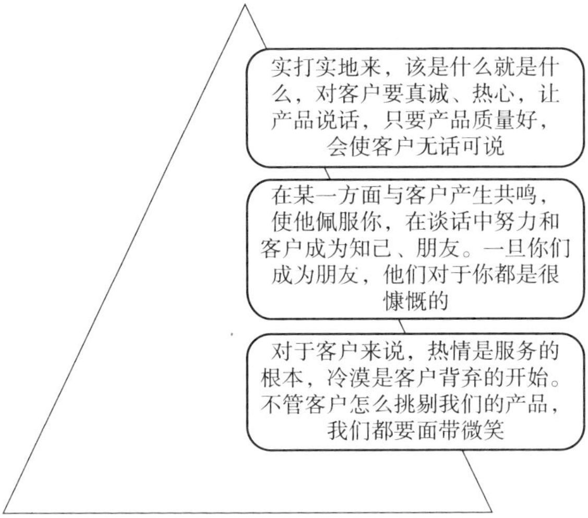


**图8-1　对付“精明”客户的方法**

还有一类客户最难对付，他们不但比较精明，而且具有一定的知识水平，也就是说文化素质比较高，能够比较冷静地思考，沉着地观察推销员，并且从推销员的言行举止中发现问题的端倪，再跟推销员在价格上“开战”。

他们就像一个具有高水准的观众在看戏一样，演员稍有一丝错误都逃不过他们的眼睛，他们的眼里看起来空荡荡的，有时还能发出一种冷光，这种客户总给推销员一种压抑感。

不过，这种客户讨厌虚伪和造作，他们希望有人能够了解他们，这就是推销员所能攻击的弱点。他们外表看起来很冷漠，严肃。虽然也与推销员见面后寒暄、打招呼，但一说话就冷冰冰的，没有一丝热情，没有一丝春风。

销售员对待这类精明型的客户时，要想办法从他们的思想、理念上入手，并一一击破，还是那句话：让他们在这里体会最“爽”的感觉。正所谓：一流销售员销思想、理念。二流销售员销好处。三流销售员销产品和服务。

## 3. 面对犹豫型客户，穷追不舍

令很多销售员闹心的是那种犹豫不决的客户，这些客户说话也很豪爽，对你推销的产品也认可，种种迹象表明，他们都有购买的信号。可是一到付钱的时候，就会犹豫不决。这时候催他们付钱吧，他们有可能会不买，不催吧，他们就这样耗着，他们是沉得住气，可我们耗不起啊。

遇到这种情况时，有经验的销售员不会和客户耗着，而是采取行动。至于如何采取行动，我把一位朋友的方法分享给大家。

我这位朋友叫李山，是卖健身器材的。一位客户在他这里看过器材后，非常满意，价格也谈好了，可总是迟迟不下单。

每次李山给客户打电话，客户都会说："我是真相中了那套器材啊！"

"那您怎么不赶快买下来呢？"李山说，"这套器材可紧俏呢，昨天还有人来问呢。"

客户说："你上次说过，这套器材不是还有几套吗？我这几天再跟家人商量商量。"

李山一时无话可说。

直到有一天，另一套器材被另一个客户买走了，只剩下一套了。李山一着急，就给客户打电话，一接通电话他就说："您好，我是李山，请问您要的那套器材，我是今天还是明天送到您家里去？"

客户："这个……"

李山紧接着又说："今天吧，今天是周四，不堵车，正好我们的安装师父也来了，到时帮您装上。"

因为第一套器械卖出去了，要给客户安装，公司就派来了安装工人。李山想，正好趁此机会，一并给这个客户也装上。

客户："那，好吧，就今天送吧。"

这件事之后，李山得出一个结论：当准客户一再出现购买信号，却又犹豫不决拿不定主意时，做推销员的要对他们"狠"一点儿，即"穷追下去"，在问话上不能太过于"守"，而要采取带有攻击性的"二选其一"的回答技巧，主动帮客户决定。

例如，销售员可以对客户说"请问您是要那部浅红色的车还是黑色的车呢？"或是"您结账是微信支付还是现金？"，也可以说"我给您把这件长款的衣服包好了，短款的就收走了"等，这种"二选其一"的问话技巧，只要准客户选中一个，其实就是你帮他拿主意，推动他下决心购买了。

赵芸是某合资化妆品公司的销售员。她的推销方式很有意思，从来不跟客户谈订单的事情，而是先和客户一起热情地讨论哪款化妆品好，确定了客户喜欢哪款的产品后，她会主动帮客户介绍此类产品，然后再问客户要多少货、交货日期等。

下面是赵芸跟客户之间的谈话，我们来借鉴一下。

赵芸："以你的实力，20 箱没问题吧？"

客户："先不要这么多。"

赵芸："那我写 15 箱了。不过我现在这里没这么多，得从总公司申请，我写交货日期为三天以后，可以吗?”

客户：“可以。”

赵芸：“你是来这里提货吧。上午还是下午？上午吧，上午人少，你在市郊，坐车还不堵。”

客户：“好。”

赵芸：“那你先付我30%的定金吧。微信、支付宝支付都行，快，省事。我们公司的微信二维码就在柜台旁，看到了吧。”

客户：“看到了。”

客户边说边拿出手机：“多少钱，我现在支付。”

赵芸一边低头写单子，一边说了要支付的定金。

帮助准客户挑选产品，也是销售员对付犹豫不决型的客户的一个技巧。

其实，有很多准客户即使有购买意向，也不喜欢迅速签下订单，总要东挑西拣，即使是同一款产品，也要在产品颜色、规格、式样、交货日期上不停地打转。这时，有经验的推销员就得学会改变策略，暂时不要去谈订单和金钱的问题，而是转而热情地帮助对方挑选颜色、规格、式样、交货日期等。你一旦把这些问题在客户那里解决了，你也就收获了订单。

劝说犹豫不决的客户下单，还有如下说话方式，见表8-2。

**表8-2　劝说犹豫不决的客户话术**

| | | |
|---|---|---|
| 1 | 先买一点试用看看 | 准客户想要买你的产品，可又对产品没有信心时，你可建议他们先买一点试用看看。只要你对产品有信心，虽然刚开始订单数量有限，然而对方试用满意之后，就可能给你大订单了。别小看这一“试用看看”的技巧，能够帮准客户下决心购买 |
| 2 | 欲擒故纵 | 有些准客户天生优柔寡断，他虽然对你的产品有兴趣，可是拖拖拉拉，迟迟不作决定。这时，你不妨故意收拾东西，做出要离开的样子。这种假装告辞的举动，有时也会促使对方下决心 |

续表

| | | |
|---|---|---|
| 3 | 反问式的回答 | 所谓反问式的回答，就是当准客户问到某种产品，不巧正好没有时，就得运用反问来促成订单。例如，当准客户问："你们有银白色电冰箱吗?"这时，推销员不可回答没有，而应该反问道："抱歉！我们没有生产，不过我们有白色、棕色、粉红色的，在这几种颜色里，您比较喜欢哪一种呢?" |
| 4 | 快刀斩乱麻 | 在尝试上面几种技巧后，若都不能打动对方时，你就得使出撒手锏，快刀斩乱麻，直接要求准客户签订单。例如，取出笔放在他手上，然后直截了当地对他说："如果您想赚钱，就快签字吧！"还可以运用一种拜师学艺的语气，同时，态度要谦虚：在你费尽口舌，使出浑身解数都无效，眼看这笔生意做不成时，不妨试试这个方法。例如："××经理，虽然我知道我们的产品绝对适合您，可我的能力太差了，无法说服您，我认输了。不过，在告辞之前，请您指出我的不足，让我有一个改进的机会好吗?"像你这种谦卑的话语，不但很容易满足对方的虚荣心，而且会消除彼此之间的对抗情绪。他会一边指点你，一边鼓励你，为了给你打气，有时会给你一张意料之外的订单 |

如果我们仔细地分析那些犹豫不决的客户特点，就会发现，他们之所以在"买"与"不买"之间徘徊，最重要的原因就是他们对我们信任度不够。所以，除了在说话方式上下功夫外，还要想办法获得他们的信任。下面，我为大家提供获得客户信任的一些技巧，见表8–3。

**表8–3　获得客户信任的技巧**

| | | |
|---|---|---|
| 1 | 要不间断地培养客户对你的信任 | 销售员应该在第一次与客户进行沟通时，就要注重对客户信任的培养，而且对客户信任的培养必须要贯穿于每一次沟通过程中，尽可能地使这种过程保持连续。如果销售员只是偶尔着手于建立客户对自己的信任，那客户就很难在内心形成对你的信赖感 |
| 2 | 要以实际行动赢得客户的信任 | 建立相互信任的客户关系仅靠销售员的嘴上功夫，那可是远远不够的。一些销售员把"我是十分守信用的"等语句经常挂在嘴边，可是却根本不会考虑客户的实际需求，更不主动为客户提供必要的服务，这样做的最终结果是什么可想而知<br>要想赢得客户信任就必须全心全意地付出，真正热诚地关注客户需求，为他们合理需求的实现付出实际行动。仍然套用那句老话：没有付出就绝对不会得到收获，如果不在每一次沟通过程中用真诚的行动感染客户，那么客户信任就永远无法形成 |

续表

| | | |
|---|---|---|
| 3 | 不因眼前小利伤害客户 | 销售员千万不要贪恋眼前小利而进行不利于客户利益的活动，这样会直接导致客户对你的不信任，即使之前你已经令客户对你拥有了99%的信任，但仅仅这1%的不信任就会使接下来的沟通出现重大逆转<br>对一位客户的一次欺骗和伤害，就可能影响这位客户周围的一大片潜在客户，而且这种恶劣影响是很难通过其他手段来挽回的。根据美国“汽车销售大王”乔·吉拉德的统计，平均每个人周围有250个熟人，如果使一位客户受到伤害，那很可能就会失去潜在的250位客户。所以，销售员一定要谨慎衡量其中的利害得失 |

## 4. 面对保守型客户，建立关系

任丽丽小时候跟着父母到县城逛街，在县城最大的百货大楼前，有一些厂商在那里展示新产品，很多人围在那里观看着，却没有一个人购买。

“大家好，这是我们公司新推出的压面机，压面机压制出的面条、面筋韧性强度大、耐煮、不断，既适合于宾馆、饭店食堂、糕点厂，也适合于我们的小家庭。”推销员拿着话筒介绍，“这种新型压面机的性能特点，一是采用齿轮传动，运转平稳、安全可靠；二是采用自动挑条系统，效率高、质量好；三是自动输送、自动断面、自动上杆，一次成型。”

“如果光为了吃面条，买一个压面机，还真不划算。”围观的人们议论道。

“功能多着呢，除了制作面条外，还能制作饺子皮、糕点、面点等，现在公司做活动，如果您购买的话，能享受五折优惠。”促销员劝大家，“想购买的顾客，赶快行动吧。”

“嘿，这压面机真是不错啊。”父亲对母亲说，“价格也便宜。我们买一台吧。”

“这压面机压出的面真的好吃吗?”母亲有点儿犹豫，“你看大家都不买，我们别买了。以前没见过这机器，万一坏了，找谁修。”

“你没听促销员说吗，都有保质期的。坏了他们保修。”父亲说，“我们就买一台吧，面条要好吃，咱就在家里给村里人压面，少收点人工钱。”

“村里人谁舍得花那个钱啊。”母亲还是不同意，“再说了，乡里乡亲的，人家去压面，谁好意思收人家的钱？”

“我好意思收。”任丽丽在一旁帮腔，“妈，咱们就买一台吧。到时我负责宣传、收钱。”因为她从小就喜欢做生意，所以，很赞成家里买压面机。

母亲经不起父亲和她的轮番劝阻，勉强同意了。

事实上是，他们买的这台压面机在5年中，一直是村里唯一的一台压面机。那5年中，这台压面机不但让任丽丽一家吃到了各种有劲道的面食，还给他们赚了一笔可观的钱。

为什么村里人5年内都没有买压面机呢？

当然是因为压面机价格太贵了。那天活动过后，压面机果真恢复了原价，因为其性能确实好，县城的宾馆、饭店以及爱吃面条的人家，都是花高价买的。

“那次活动我也在场，当时想，以前可没见过这种压面机，吃了大半辈子的手擀面，万一吃不惯这种机压面，不就上当了吗？不买，坚决不买。”

这句话，成为当时很多人不买压面机的理由。

“买压面机”事件，深深地影响了任丽丽。那时她虽然年纪小，但她却学会了对比：“我家并不富裕，自从买了压面机，家里境况好多了。不光村里的人来我家压面，就连邻村的人也来压面。”

事先说不好意思收钱的母亲，此时俨然成了老板娘，拿着本子一边算账一边收钱。

晚上，母亲一边笑着数钱，一边对她说："幸好你爸和你劝我，才让我们花那么少的钱买了这台给咱们赚钱的压面机。要是外人劝，我是说什么也不会买的。我这个人啊，思想老，跟不上新时代，也没长着赚钱的脑子，不过还好，能听你们的劝。"

母亲的话让她再次明白一个道理，对于保守的人来说，只有家人的劝说才能听进去。

长大后，当她做销售的时候，在工作过程中，也遇到过这类客户，他们的思想跟不上形势的发展，并且一旦认定了某种观点，就会不顾一切地坚守，至于自己的观点正确与否，是否跟得上时代，这不在他们考虑的范围内。我们背地里称这种客户为保守型客户。

保守型客户无论是在工作上，还是在生活上都有自己固定的方式与态度，不具有配合他人的通融性。所以，保守型客户是不会轻易地接受别人的意见，更不会轻易地在别人的说服下改变自己的观点。在向保守型客户推销产品时，你会发现他们是很难应对的一类人，因为不管你怎么解释，他们总是非常固执地坚持自己的意见。而且，这种类型的客户还很要面子，不管自己说的是不是有道理，都不会轻易让步，特别是有其他人在场时，往往显得更加固执己见。

她在面对这种客户时，不会费尽心思地去劝说他们，而是想办法接近他们身边的亲人，碰巧他们的亲人不在身边时，她会先跟他们说与推销无关的话，以此来拉近与他们的感情。感情深了，关系就近了。这时她说的话，才能够让他们听进去。

苏亮是一家企业销售部的经理，在做推销之前，他是一名医护人员。在他眼里，做推销的人一定要能说会道外加脸皮厚。

"这可不是一般人能干得了的工作啊。"苏亮心里对自己说，"像我这样性格内向的人，还真不适合做销售。"

因为他对销售的职业抱有成见，苏亮换工作后，一直不敢找销售方面的工作。

一天上午，他准备到人才市场找工作时，听到敲门声，他开门一看，是几天前推销洗发水的那位年轻的推销员。

“您好，我是上次向您推销洗发水的推销员方立。”对方礼貌地说，“请问您试过我送您的样品了吗？”

苏亮是个实在人，如实说道：“没敢用，因为我之前没用过这个牌子的洗发水，担心用不好伤我的头发。”

方立笑着说道：“不会吧，像您这么沉着冷静的人，会接受不了新产品？”

听到对方夸自己“沉着冷静”，苏亮很高兴，话也多了，他问道：“你怎么看出我是沉着冷静的人的？”

“这是您身上的特质，一眼就能看出来啊。”方立礼貌地说，“不瞒您说，正是您的沉着冷静给了我力量，才让我有勇气第二次敲开您的门。我刚做销售还不到一个月呢。”

就这样两个人越谈越投机，方立告辞时，苏亮主动提出要买两瓶洗发水。

“不就是几十块钱嘛。”苏亮当时心想，对方这么了解我，即使洗发水质量不好，自己也认了。

巧合的是，正是这两瓶洗发水，改变了苏亮的职业方向。几个月后，苏亮跟方立成了同事。

原来，苏亮用过在方立这里买的新式洗发水后，发现比他用了好几年的旧牌子质量好多了。就把另一瓶送给家人用，家人用后也连声说好。

事后，苏亮深有感触地说：

“两次跟方立打交道，颠覆了我对推销这份职业的认知。原来，做推销并不一定要能说会道。方立每次和我说话，都保持着礼貌，话不多。而让我决定加入推销行业的是，方立说的那句‘您的沉着冷静给了我力量’。我想，原来做销售员并不是要能说会道，而是真心为顾客好。方立卖给我的产品就是最好的证明。由此我悟出，一个优秀的推销员，是真心实意地在为客户着想，真心实意地在为客户服务。是在行动，而不是光说不做。”

苏亮到公司做推销员的第一天，就跟着方立出去上门推销，也是洗发水。第一天下来，他虽然没有任何收获，而且这活儿是又苦又累又让他感到很丢人——但晚上回到员工宿舍，看着同事们那一张张热情的笑脸、充满激情的生活状态，苏亮义无反顾地留了下来。

不到一个月，苏亮的推销工作就做上手了。奇怪的是，苏亮最擅长的就是搞定那些思想保守型的客户。

苏亮在总结经验时说：“可能这跟我的经历有关吧，我本人也当过保守型的客户，能把握住这类客户的心理，即对新事物怀有‘排斥’的心理，现在我才明白，这种心理不叫‘排斥’，而是因为思想太守旧，接受不了，是不敢接受。要克服这种心理，需要一个有耐心的人慢慢对我们加以引导。我就是被方立引导过来的。在推销工作中，我就是利用这种‘引导’式方法来引导客户，慢慢地感化他们。比如，我会用请教的口吻对保守型的客户说：‘您说得非常有道理，您能帮我分析我们公司的这种产品，跟您心中想要的产品有什么不同吗?’或说：‘听您说话，我感觉您人很深沉，懂得也多，真希望能够和您一起来看看这款新产品。’”

面对保守类型的客户，推销员要在语言上多展示产品给客户带来的实际利益和好处，建议其尝试新的产品。同时，你还要细心观察其举动，并适时地来赞美他们，建立真诚的交易关系。

一般而言，保守型客户性格比较内向，也有一点儿自卑，所以，推销员在跟他们打交道时，要学会探究他们的“闪光之处”，并借机把这种“闪光之处”加以颂扬。由于人们特别喜欢亲近对自己肯定越来越多的人和事，所以当你赞扬客户的话被对方认可时，那么保守型客户就会把你当作朋友，你搞定他也就易如反掌了。

下面，为大家提供几种应对保守型客户的方法，见表8-4。

**表8-4　应对保守型客户的方法**

| | | |
|---|---|---|
| 1 | 设法让保守型客户说“是” | 由于保守型客户不会简单地接受别人的意见，所以销售员在说服他们时，如果不带任何过渡的话就直接进入主题，会让他们更加坚持自己的想法，不利于以后的说服工作的开展。正确的做法是从与说服主题关系不大的事情慢慢谈起，用平和的态度迎合对方，使其一开始就说“是”。销售员尽量不要让客户把“不”字说出口，以免他因为维护尊严而坚守错误观点<br>销售员要尽可能地启发保守型客户说“是”，用“是”的效应来使他们接受你的影响。人们为了维护自己的尊严，维护自我的统一性，不会在同一个问题上说了“是”后再说“不”，没有人愿意给人留下一个出尔反尔的坏印象 |
| 2 | 做到以理服人 | 保守型客户往往对新事物都带有偏见。偏见的产生源于对事物不全面或不深刻的认识。销售员如果能够做到以理服人，分析清楚执偏见者所没有认识到的另一面，并明确、有逻辑地表达出来，就不难达到说服这类客户的目的了 |
| 3 | 学会利用权威说服他们 | 几乎人人都相信权威，有权威的东西往往具有很强的说服力。保守型客户虽然总是以自我为中心，不顾及别人的看法，但他们往往重视权威人士的意见，甚至借权威意见来反抗别人。针对保守型客户的这种心理，销售员可以引证权威人士的话来说服他们 |
| 4 | 不要企图马上说服客户 | 遇到保守型客户时，销售员不要企图马上说服他。因为你越想马上说服他，他就会越保守固执。如果销售员竭尽全力地把客户的理由都反驳了，那就更糟了，客户很可能因为顽固到极点而发作，这样会让双方都很难堪。不但这笔生意做不成，还会影响到下笔生意。所以，销售员首先要切记尽量接受客户所说的事情，他的理由更应该听，并在适当的时候向他点头认同，这样一来客户就以为自己的看法已被你接受，自己得到满足后自然产生了“听对方意见”的愿望。这时你再向他解释是很有效的。销售员应学会忍耐，直到客户收敛自己的言行而准备听你的话为止 |

## 5. 面对虚荣型客户，多用赞美

在生活中，我们经常遇到一些爱慕虚荣的人，他们什么都要和别人比，并且一定要把别人比下去。可以说，在虚荣的人眼里，别人崇拜和钦佩最让他们开心了，即使他们本身没有资本骄傲，他们也不在乎，只要能接受赞美就足够了，哪怕这种赞美是假的，他们也不在乎。

销售员在面对爱慕虚荣型客户时，最好的说服武器就是奉承。

陈然经营着一家服装专卖店。

一次，一名中年女子来到她店里买衣服，她几乎试遍了店里所有的衣服，没有一件让她满意的。陈然在女顾客试衣服时仔细观察着，她发现女顾客对衣服的不满意的问题不在衣服上，而是出在女顾客那里。

女顾客身材苗条，个子却不高，而陈然店里的衣服需要高个子的人才能穿出美感来。偏偏女顾客穿的又是平底鞋。但陈然不能直接说出来，而是对她说："您的身材简直太完美了，高矮适中，这些衣服要想跟您的气质搭配，必须配上一双高跟鞋。"

女顾客一听，脸上乐开了花，问陈然："你这里有没有高跟鞋？借我穿一下试试这件衣服。"

陈然立刻把自己的一双高跟鞋借给了女顾客。女顾客穿上高跟鞋后，为了搭配自己的气质，她挺胸抬头，使得她的个子高了不少。陈然趁机称赞："您看，这样一来，这件衣服的效果就出来了，您的身材太好了，就是一个衣服架子，我看这衣服就单为您做的。"

女顾客无比满意地对着镜子中的自己左看右看，越看越觉得自己原来美得这样脱俗，与之前穿的那件衣服的形象是天壤之别。

"正好我这个号的衣服就进了一件，您穿出去不会撞衫，您的美和气质就是独一无二的。"陈然对着镜子中那位高挑自信满满的女顾客说。

顾客终于满意地回答："您说得太对了，我也觉得这件衣服适合我的气质，非我莫属了。"

"是啊，您看您穿上这件衣服，既精神又端庄大方，就好像变了一个人。"陈然啧啧赞道，"如果说您刚进来时是一位有气质的知性女子，那么现在的您就是升级版的大美人了。"

女顾客对着镜子左右照过后，一边痛快地付钱一边说："我太喜欢这件衣服了，也不跟你讲价了。"

陈然能够顺利成交这位女顾客，是因为她把握住了顾客的虚荣心理，喜欢谈顾客引以为荣的事情。其实，我们每个人都喜欢听别人赞美自己，如果赞美运用得合理得当，顾客心里肯定极为受用。越是虚荣的顾客，越爱听销售员夸自己，这时你对他说奉承话，可以说是相当有效了。

不过，需要注意的是，你对顾客的奉承不能毫无根据，这样只会让顾客觉得你太虚伪，对你产生怀疑。所以，即使面对虚荣的顾客，你的奉承也要把握分寸，最好是针对顾客身上的某一个优点来放大加以夸奖，这样才能把话说到顾客心里去，达到交易的目的。

## 6. 面对攀比型客户，用事例激起他的购买欲望

不仅仅是客户，其实对于大多数人来说，内心深处都有与人攀比的情愫，只不过有人表现得比较明显而已，这类人具有非常强的虚荣心和好胜心，他们做什么事情都要比过别人，那样心里才会舒坦。因此，销售员要善于观察客户，或者懂得倾听，这样你才能够判断出这个客户是否是攀比心理强的人。了解到了客户的“软肋”，你才能利用客户的攀比心理，刺激起他的购买欲望，达到交易的目的。

客户的攀比心理有好多种，其中最常见的“攀比心理”，就是指当一项服务或一种产品比较容易获得，而且形成一种潮流时，客户会产生一种“我不比别人差，我也要拥有”的心理。例如，买车、买房等，当客户看到别人买时，就会一窝蜂地冲上去买，这就是潮流。潮流让人们“买涨不买跌”，潮流让人们学会了从众。这一切的根源就是人们的攀比心理。

客户的攀比心理大部分来自跟周围的对比，虽然说客户的攀比心理太强不太好，但对于销售员来说，却能让你更快地与之达到交易的目的。

凡颖是公司优秀的销售员之一，她的销售秘诀之一就是利用客户的攀比心理。

每当公司的新产品上市，她都要找出自己的那些准客户名单，一一地拜访他们，大部分客户，都会在她的游说下答应签单。

那么，她是如何充分利用客户的攀比心理顺利成交的呢？

很简单，凡颖佯装无意识地对客户说：“您认识的某某某，他前不久刚进了一批我向您提到的这种新产品，我在回访时听说客户的好评率挺高的。”

或者会说：“上次跟您一起进货的那位某某先生，这次也要了这批货，他担心会涨价，还嘱咐我这个月底给他留出几件货，他凑够首付款就提货。”

凡颖就是用这种漫不经心的话，激发了客户微妙的攀比心理，让客户觉得如果不进这批货，就会跟周围的人或是同行有很大的差距。

很多时候，很多客户在炫耀、攀比的心理诱导下，购买动机充斥着虚荣性、攀比性，常常表现为购买名贵商品、限量版商品、时髦商品。

对于大部分客户来说，他们的攀比心理是基于对自己所处的阶层、身份以及地位的认同或期望认同，他们一般会选择同类人作为参照来购买某种商品。面对这样的客户，销售员要做的就是用客户熟悉的具体的人或是事例，来激发客户的购买欲望。

一般来说，造成客户攀比心理的原因如下。

## 为了获得更高的自尊

随着人们对高水平生活的不断追求，生活水平就成为体现人们自尊的一种主要表现形式。人们想要获得更高的自尊，就会不断提高自己的生活水平，让自己购买更多、更高级的产品。一旦周围的亲戚朋友购买了某种产品，自己也要去买。

## 认为高消费体现着事业的成功

消费档次是事业成功的象征。社会成功人士具有高标准的消费模式，而为了获取更高的社会地位，就必须满足高地位群体所“示范”的行为标准和消费标准。

## 体现自己的优越感

当今社会，人员的流动概率很高，特别是在城市生活中，人们大多来自不同地域、不同阶层，由于人们接触到了各种不同的比较对象，大大提高了拿自己的生活质量与其他人的生活质量进行比较的概率。而每一次攀比的失利都会激发人们来购买商品来提高生活质量，以便将对方比下去。

## 7. 面对专断型客户，顺着他说话

俗话说，人上一百，形形色色。销售员每天要面对大量的客户，碰到的客户自然是各种性格的都有。其他性格的客户还好说一点儿，若是碰到那种个性固执强硬、专断独行的客户时，你要表现得温和，尽量顺着对方。因为这个类型的客户，争强好胜不说，对自己还盲目自信。此类客户的“软肋”就是吃软不吃硬。

杨一靖是公司的资深销售员，几年来接触过很多性格不同的客户，他都能够凭借着自己的经验巧妙地跟客户周旋，达成交易。

最近杨一靖遇到了一个叫刘慧的新客户，刘慧是典型的专断型客户，加上又是第一次合作，刘慧一上来就给了杨一靖一个下马威。她在跟杨一靖谈合作时，完全以自我为中心，提的要求最多，问的问题也最多，而且稍有不满意，她就咄咄逼人地训杨一靖：“你想什么呢？有没有认真听我讲话？我提出的要求，你到底能不能帮我解决？”

客户蛮横的态度，不可一世的语调，换作任何一个人，脸面上都挂不住的。毕竟都是成年人，而销售原本就是双方的合作，客户态度可以高调，但不能太离谱。所以，刘慧之前跟任何人合作，都是因为销售员忍受不了她的气势而终止。

杨一靖不愧为资深销售员，面对刘慧的嚣张气焰，他采取的是“洗耳恭听”，然后耐心地回答客户的问题，能解决的，他给出肯定的回答；不能解决的，他提出可行的方案。尽管这样，刘慧还是不肯罢休，她说再考虑考虑，让杨一靖一周后带着样品去她公司。

刘慧的公司在市郊，倒好几次车，来回要4个多小时。当时还是夏天，当杨一靖按照约定时间，背着样品，汗流浃背地来到刘慧的公司时，却发现刘慧不在公司。刘慧的助理让他放下样品先回去，等刘慧回来电话跟他沟通，就不用再跑一趟了。

杨一靖想了想，说道：“我考虑到样品妥善保护太麻烦，还是带回去吧，等刘总回来，您告诉我一声，我重新跟她敲定约见时间。”

刘慧回来后，让他第二天下午3：00到公司。杨一靖答应了。因为是中午出发，正是烈日当空。杨一靖到达刘慧公司时，正好2：50，刘慧在给部门员工开会。他就在会客室等，直到快下午4：00，刘慧才开完会。

刘慧看也不看杨一靖递上来的样品，武断地下结论：“听说你们公司的这批货是积压的库存，质量不好，我想还是等一等吧，等你们新品上市再说。”

杨一靖微笑着说：“刘总，这批货不是库存，是因为市场反馈好，厂子里才多生产的，您是这方面的行家，可以看看的。”

刘慧生气地说：“你怀疑我的判断能力？我在这行干了20多年，说句不好听的话，我刚入这行时，你可能小学都没有毕业。我说不看就不看，你拿回去吧。”

杨一靖只好边收样品边说：“听您的，等新的产品一上市就通知您。其实，新产品除了品种多以外，质量跟老产品是一样的。”

那天杨一靖回家时，快晚上8：00了。他顾不上吃饭，开始反思自己。

第一次白跑一趟的原因，是由于刘慧是大客户，自己过于相信她，在去客户公司前，没有事先打电话确认。这次刘慧提出要新产品，对他带去的样品看也不看，是因为他去之前没有再确认一次，或是拍一张照片给刘慧看。这些失误都是自己造成的，下次要注意。

半个月后，等新产品上市时，杨一靖事先打电话向刘慧确认，又把新、旧产品拍照发给刘慧确认，分析了两种产品的共性和差异，甚至去见刘慧时，他新、旧产品都带了。

第三次杨一靖刚进刘慧办公室，刘慧态度明显好多了。不但非常痛快地跟他签了新产品的单，旧产品也要了一部分。

杨一靖能把像刘慧这种独断专行的客户搞定，用的就是顺从对方，即便对方做得很过分，他也不计较，而是仍站在对方角度替对方说话。正是这种态度，感动了刘慧。

由于专断型客户具有支配别人的习惯，哪怕他们心里明白，自己这种支配人的习惯不对，但性格使然，让他们无法控制自己。如果你能顺着他们，慢慢感动他们后，他们还是愿意跟你合作的。

总之，销售员在与客户沟通前，一定要以尊重客户为前提，千万不要受客户情绪所左右。在交谈中，你要不卑不亢，需要你说话时要保持礼貌，即便客户说的和做的不对，你也不要指责、抱怨，更不要流露出任何消极或是不满的情绪，也不能与客户发生语言上的冲突，而是让客户自己发现说错了或是做错了，当他有愧意时对你的补偿就是痛快地签单。

## 8. 面对暴躁型客户，给予理解、包容和忍让

暴躁型客户缺乏忍耐力，他们心中受不得一点儿委屈，哪怕是对方的一个眼神或是无意中的一句话让他们不爽了，就会大发雷霆，令对方猝不及防。暴燥型的人唯我独尊，外界的一切都要以他们是否快乐为中心。

面对销售员推荐的产品，他们更是一发现产品哪个地方不合自己的意，就不分场合地大声斥责销售员。面对这样的客户时，销售员明智的做法就是要给予理解、包容和忍让。

一位年轻的女顾客，一周前从钱梅这里买了一件真丝连衣裙，一周后却拿过来退货。

女顾客看到钱梅，大声质问道："我花上千元买的是真丝连衣裙，你给的这是什么货色，我那些内行的朋友看了都笑话我，你们这里算什么大商场，我看除了价格高，质量跟地摊货一样吧。我不要了，你给我退货。"

钱梅虽然不认识女顾客，但她认识自己卖的裙子，连忙问："女士您不要生气，对身体不好，到底出了什么事情，您先消消气再说。"

女顾客冷笑一声："我能消气吗？不是花的你的钱吧。甭给我废话，趁我的火气还没有爆发前，把裙子退了。"

钱梅一边看裙子一边仍然礼貌地说："没有关系的，您对裙子不满意是可以退货的，因为店里有规定，顾客退货要写上原因，您现在能把退货的具体原因告诉我吗?"

女顾客仍然火药味十足："我记得一周前我试好后，问你是不是真丝的。你说是，而且是从杭州正规厂家进的货，质量有保证。可是我有一个同学就是杭州的，她一摸这料子，就不是真丝。另外，这做工也不像正规厂家出的。"

钱梅这才听明白了顾客的意思，温和地说："换作是我，我也会生气地退掉，花那么多钱买的却不是真丝的。您放心，如果不是真丝的，我不但要帮您退货，还会加倍补偿您的。"

女顾客一愣，她没有想到对方还会补偿。

接着，钱梅一边把裙子摊开在顾客面前，一边讲什么是真丝，其精湛的专业知识和礼貌有加的声音，令女顾客听得入了迷。钱梅讲完后，女顾客态度缓和很多："我今天从你这里知道了什么是真丝，哦哦，我那个同学，她只是看了我发的裙子的照片，没看到实物。"

钱梅笑着说："您如果还不放心，可以退掉，但这裙子确实是真丝的。"

女顾客笑了："我买的就是真丝裙子，既然是真丝的，我何必还要退呢。"

钱梅可谓是销售高手，面对顾客暴躁无礼的态度，她始终给予理解、包容、忍让，同时，她回答顾客的话时，也是彬彬有礼、有理有据，才让她最终打动了顾客。

其实，每个人的性格中，都或多或少地带着心急、暴躁的情绪，而暴躁型性格的人，只不过是控制力较差，把这种情绪放大了。如果销售员能够在理解顾客的基础上给予包容，就会缓解顾客的情绪。同时，还要做到不向对方的蛮横和傲慢屈服，既不阿谀奉承，也不急着为自己辩护，而是用不卑不亢的言语来感化对方。